AF550704

Laura Schulze

MEIN LOCKEN BUCH

Deine Lockenreise beginnt hier...

Hallo Curly!

Als Lockenkopf weiß ich nur allzu gut, wie frustrierend es sein kann, die richtige Haarpflege-Routine zu finden. Und wahrscheinlich bist du unzufrieden mit deinen Haaren, ansonsten würdest du wohl kaum dieses Buch in deinen Händen halten.

An genau diesem Punkt war ich auch: Jahrelang habe ich mich mit widerspenstigen Locken und unkontrollierbarem Frizz herumgeschlagen. Meine strohigen, trockenen Locken waren nicht zu bändigen und mein sehnlichster Wunsch war es, glatte Haare zu haben. Doch dann kam der Wendepunkt, an dem ich endlich gelernt habe, wie ich meine Locken richtig pflegen kann. Ich wollte es genauer wissen und habe mich deshalb dem Thema Lockenpflege wissenschaftlich angenähert. Durch mühevolle Recherche, Experteninterviews, Produkttestungen und der Analyse von Inhaltsstoffen habe ich herausgefunden, was das Geheimnis schöner Locken ist.

Heute weiß ich: Locken sind faszinierende und vielseitige Haarstrukturen, die mit der richtigen Pflege zu wunderschön genährten, weichen Wellen bis hin zu korkenzieherartigen Spiralen reichen können. So entstand meine Website Loving Curls und bis heute habe ich sowohl on- als auch offline schon tausenden Lockenköpfen geholfen, ihre Locken verstehen zu lernen.

Nach einem Buch wurde ich schon so oft gefragt, denn viele Curlies haben den Wunsch, alles noch einmal ganz in Ruhe nachlesen zu können. Und nun hältst du Mein Locken-Buch in deinen Händen: Dieses Buch ist dein Begleiter auf deiner persönlichen Lockenreise. Ich teile meine Erkenntnisse und Erfahrungen mit dir, damit du anhand der Eigenschaften deiner Haare erkennen kannst, welche Haarpflege für dich geeignet ist und wie du sie stylen solltest. So wirst auch du deine Locken verstehen lernen und das Beste aus deinen Haaren zu ihrer besten Form verhelfen.

Ich freue mich darauf, mit dir gemeinsam deine Lockenreise zu starten.

Deine

Laura

Inhalt

So funktioniert das Locken-Buch

Ich möchte, dass du das Beste aus deinen Locken herausholst. Mit diesem Buch liefere ich dir die Grundlagen dazu, doch das ist noch längst nicht alles. Du kannst nämlich noch viele weitere Informationen und Videos online abrufen.

Gerade zu Beginn können die vielen neuen Begriffe, die häufig auf Englisch gebraucht werden, ziemlich verwirren. In der Curlypedia, die du ab Seite 155 findest, beschreibe ich dir die wichtigsten Begriffe kurz und knapp.

Und weil ich auch einmal so wie du am Startpunkt meiner Lockenreise gestanden habe, weiß ich, dass ein Video manchmal Gold wert sein kann. Deswegen habe ich dir zu vielen meiner Anleitungen in diesem Buch Videos aufgenommen.

An vielen Punkten im Buch kannst du auch zu weiterführende Informationen wie z. B. meinen aktuellen Produktempfehlungen springen, die ich täglich aktualisiere.

Damit du zu diesen Zusatzinformationen gelangst, habe ich dir auf jeder Seite einen QR-Code eingefügt, den du wie folgt ganz einfach öffnen kannst:

So einfach funktioniert es

1. Scanne den Code oder gebe den Kurzlink am Computer ein.
2. Es werden weiterführende Informationen und Videos zu den auf der Seite aufgeführten Themen angezeigt.

LOCKENBUCH.DE/00001

01 Alles über Locken

Um die Bedürfnisse deiner Locken besser verstehen zu können, musst du Grundlegendes über sie wissen. Ich zeige dir in diesem Kapitel, welche Eigenschaften deiner Haare du kennen solltest und wie du diese analysierst, um im nächsten Schritt die passende Haarpflege für dich finden zu können.

Weißt du, weshalb es Sinn macht, sich mit dem Aufbau von lockigen Haaren zu beschäftigen? Es gibt einige entscheidende Merkmale, von denen die Wahl deiner Pflegeprodukte und ihr kombinierter Einsatz abhängig sind. Ich zeige dir, wie Locken aufgebaut sind und in welche Haartypen sie grundsätzlich eingeordnet werden. Anschließend verrate ich dir, wie du die Porosität deiner Haare sowie die Haardicke und -dichte selbst analysieren kannst, da dies die wichtigsten Voraussetzungen sind, um die richtige Haarpflege-Routine zu finden. Anhand der Eigenschaften deiner Haare kannst du nämlich erkennen, welche Haarpflege für dich geeignet ist.

Wie wachsen Locken?

Haare wachsen auf der Haut. Kopfhaare auf der Kopfhaut, genau genommen in der Unter- und Lederhaut. Sie entstehen in kleinen Taschen, den sog. Haarfollikeln, in denen sich die Haarwurzel befindet. Im Inneren der Haarwurzel befindet sich die Haarpapille, in der die genetische Information deines Haars steckt. Hier wird auch das Haar durch Zellteilung gebildet. Diese besteht aus Protein-Zellen, die durch das Blut der Kopfhaut genährt werden.

Männliche Haare wachsen schneller als weibliche!

Bis an die Haarwurzeln, die oft auch Haarzwiebel genannt werden, reichen übrigens auch Nerven, was erklärt, weshalb es manchmal ziept, wenn dir ein Haar ausgerissen wird.

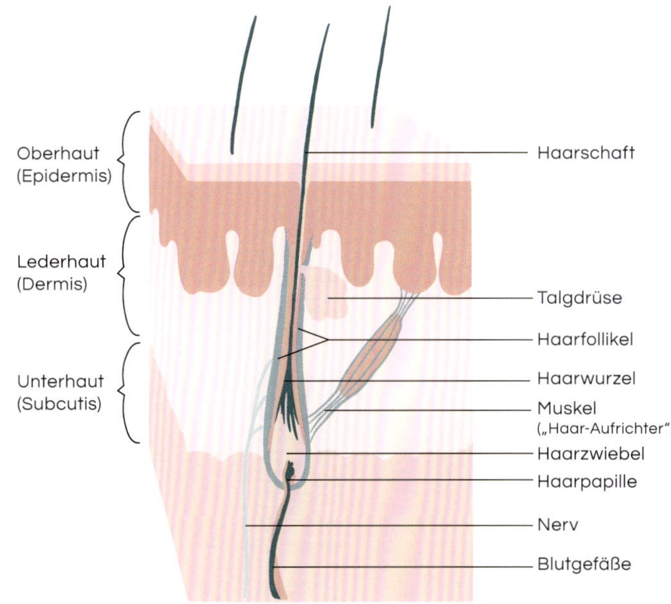

Abb. 1: Aufbau von Kopfhaut und Haar

Aufbau eines Haares

Dein Haar bzw. dein Haarschaft - besteht aus dem Haarmark (der Medulla) im Inneren, der Faserschicht (Cortex) sowie der Schuppenschicht (Cuticula). Auch wenn das Wort 'Haarmerk' an Rückenmark erinnert, hat es im Haarkanal keine nennenswerte Bedeutung. Bei feinen, dünnen Haaren kann es sogar zum Teil fehlen.

Das Haarmark wird umgeben von der Faserschicht, der Cortex. Sie stellt den größten Teil des Haares dar und besteht aus Proteinen; das sind Eiweiße, die aus Aminosäuren bestehen. Verhornt dieses Eiweiß, nennt man es Keratin (Ausfelder, 2013). Haare bestehen also genau genommen wie auch Fingernägel aus Horn, auch wenn sind sie wesentlich feiner sind.

Die Faserschicht hält dein Haar zusammen, denn die Fasern setzen sich aus vielen sehr dünnen Strängen, den Mikrofibrillen, zusammen. In diesem Bereich des Haars merkst du, wie reißfest oder elastisch dein Haar ist

Dein Haar bzw. die Faserschicht wird durch die Schuppenschicht, die Cuticula, geschützt. Sie besteht aus vielen kleinen verhornten Zellen, die wie Dachziegel angeordnet sind. Je nachdem wie offen die Schuppenschicht absteht, sind deine Haare eher gesund oder stumpf und angegriffen und benötigen eine angepasste Haarpflege, um gesund weiter wachsen zu können. Mehr hierzu erfährst du auf Seite 22.

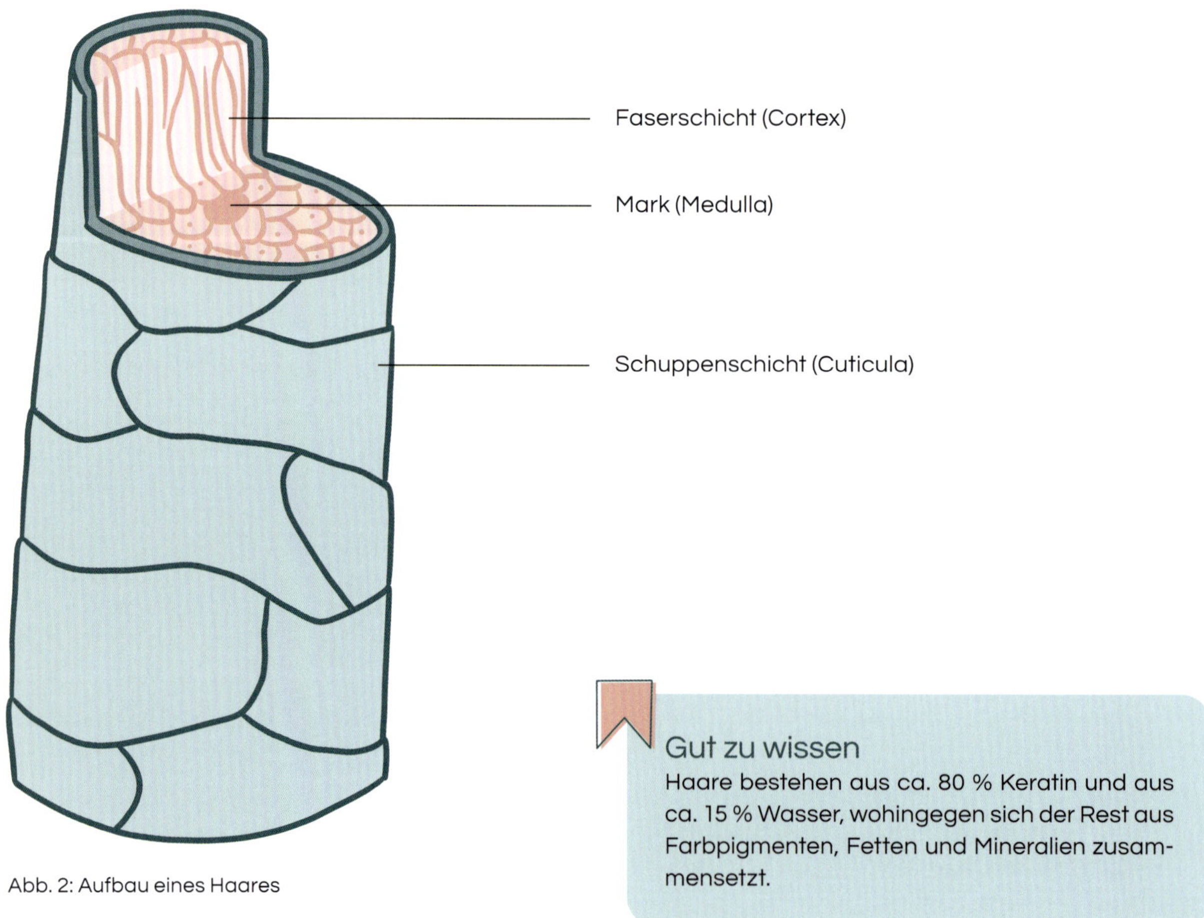

Abb. 2: Aufbau eines Haares

Gut zu wissen
Haare bestehen aus ca. 80 % Keratin und aus ca. 15 % Wasser, wohingegen sich der Rest aus Farbpigmenten, Fetten und Mineralien zusammensetzt.

So reagieren Haare

Weißt du, weshalb deine Haare auf Wasser, Wärme, Shampoo und Co. reagieren? **Dies liegt an bestimmten chemischen Bindungen in deinen Haaren – den Brückenbindungen.** Das Haar besteht hauptsächlich aus dem Protein Keratin, das aus einer Vielzahl von Aminosäuren, unter anderem Cystein (schwefelhaltige Aminosäure) besteht. Diese Aminosäuren sind durch verschiedene Arten von chemischen Bindungen miteinander verknüpft, einschließlich Wasserstoff-, Salz- und Disulfidbrücken. Obwohl jede Art von Bindung ihre eigene spezifische Rolle spielt, wirken sie alle zusammen, um die Struktur, Festigkeit und Formbarkeit des Haares zu bestimmen.

1. Wasserstoffbrücken (Längsverbindungen in einer Peptidspirale) sind die schwächsten der Bindungen, sie kommen jedoch am häufigsten vor. Eine Wasserstoffbrücke entsteht, wenn ein Wasserstoffatom, das bereits an ein stark elektronegatives Atom gebunden ist, von einem anderen stark elektronegativen Atom angezogen wird. Sie sind extrem flexibel und können durch Wasser gelöst werden, so dass deine Haarstruktur kurzzeitig verändert werden kann. Dies ermöglicht das Styling deiner Haare. Beim Trocknen oder Abkühlen festigt sich dann die neue Form, die bis zur nächsten Haarwäsche hält.

2. Salzbrücken (Querverbindung in einer Peptidspirale) sind ebenfalls essentiell für die Form und Flexibilität des Haares. Sie entstehen durch die Anziehungskraft zwischen positiv und negativ geladenen Teilen der Aminosäuren. Bei einem neutralen pH-Wert sind einige Aminosäuren positiv und andere negativ geladen, was zu einer Anziehungskraft und somit zur Bildung einer Salzbrücke führt. Diese Bindungen können leicht durch Änderungen im pH-Wert – also durch Laugen oder Säuren – gelöst werden. Hierdurch wird das Haar formbar.

3. Disulfidbrücken (Querverbindungen zwischen zwei Peptidspiralen) sind die stärksten der drei Bindungsarten. Sie entstehen zwischen den Schwefelatomen von zwei Cysteinmolekülen innerhalb des Keratinproteins und sind für die allgemeine Festigkeit des Haares verantwortlich. Ihre Struktur bestimmt auch, ob das Haar natürlich glatt, gewellt oder lockig ist. Bei chemischen Haarbehandlungen wie einer Dauerwelle oder einer Haarglättung, werden Disulfidbrücken vorübergehend gelöst, um das Haar zu formen, und anschließend wieder gebildet, um die neue Form zu fixieren (Ausfelder und Noack, 2013).

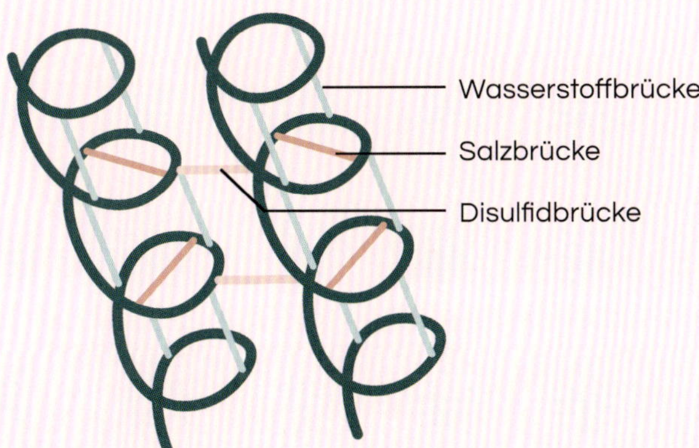

Abb. 3: Verbindungen in einer Peptidspirale

Sind die Brückenbindungen gelöst, schwillt das Haar an. Je nachdem, mit welchen Produkten du deine Haare pflegst, können sie wieder abschwellen oder weiter anschwellen. Insgesamt tragen die drei Arten von Bindungen dazu bei, das Haar stark, flexibel und formbar zu machen. Sie wirken zusammen, um deine Haare in seiner natürlichen Form zu halten und gleichzeitig Veränderungen der Form und des Stylings zu ermöglichen. Durch die Verwendung geeigneter Haarpflegeprodukte und der passenden Styling-Technik sorgst du dafür, dass deine Haare gesund bleiben und deine Locken springen.

Wachstumsphasen der Haare

Die Haarwachstumsphasen sind ein kontinuierlicher Zyklus, der das Wachstum, die Reifung und den Verlust von Haaren steuert. Im Folgenden zeige ich dir die drei Hauptphasen des Haarzyklus: die Wachstumsphase (Anagen), die Übergangsphase (Katagen) und die Ruhephase (Telogen).

Der Haarzyklus wiederholt sich im Laufe des Lebens so dass immer wieder Haare ausfallen und neue Haare wachsen. Ist dieser Zyklus gestört, kann dies zu übermäßig starkem Haarausfall führen. Genetik, Ernährung und Hormone können dein Haarwachstum stark beeinflussen.

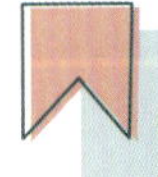

Gut zu wissen

Der menschliche Körper verliert durchschnittlich 50 bis 100 Haare pro Tag. Bei lockigem Haar bemerkst du diesen Verlust manchmal nur schwer, da sich die Haare in den Locken verfangen können, anstatt direkt auszufallen. Daher ist es auch ganz normal, dass bei der Haarwäsche mehrere Haare auf einmal ausfallen.

1. Anagenphase (Wachstumsphase)

Die Anagenphase ist die aktive Wachstumsphase des Haares, in der die Haarfollikel ständig wachsen und neue Haare bilden. Sie ist die erste und längste Phase des Haarzyklus. Während dieser Zeit findet das aktive Wachstum des Haares statt, wobei die Haarfollikelzellen sich schnell teilen und ein neues Haar bilden, indem ältere Zellen nach oben gedrückt werden. In dieser Phase befinden sich etwa 85 % der Kopfhaare und sie dauert rund 2-6 Jahre an, wobei sie sich mit zunehmendem Alter verkürzt.

Dauer
Männer: ungefähr 2-3 Jahre
Frauen: ungefähr 5-6 Jahre

Was passiert?

- Intensive metabolische Aktivität und Keratinbildung
- Haarwuchs von etwa 0,3-0,4 mm pro Tag bzw. 1 cm pro Monat

Hormone und deine Ernährungsweise können eine wichtige Rolle bei der Dauer und der Qualität des Haarwachstums spielen.

Abb. 4: Anagenphase

Abb. 5: Katagenphase

2. Katagenphase (Übergangsphase)

Die Katagenphase ist eine Übergangsphase in deinem Haarzyklus. Sie folgt auf die Anagenphase und ist eine Zeit des ‚Rückbaus' und der Vorbereitung auf den Haarausfall. In der Katagenphase stoppt das Wachstum und das Haar wird auf die darauf folgende Telogenphase vorbereitet. Dabei stoppt die Zellteilung in der Haarwurzel, die Haarwurzel schrumpft und die Haarfollikel beginnen, sich von der Blutversorgung zu lösen. Dadurch beginnt sich die Haarwurzel zurückzuziehen. In der Katagenphase befinden sich rund 1-3 % der Haare und sie dauert rund 2-3 Wochen.

Dauer
2-3 Wochen (geschlechtsunabhängig)

Was passiert?

- Zellteilung stoppt, die Wurzel schrumpft
- Die Nährstoffzufuhr nimmt ab, der Follikel schrumpft und es treten epidermale Bewegungen auf

Wenn diese Phase aus irgendwelchen Gründen verlängert wird, kann das zu Haarausfall führen. Störungen können durch Stress, hormonelle Veränderungen oder Medikamenteneinnahme hervorgerufen werden.

3. Telogenphase (Ruhephase)

Die Telogenphase ist die dritte und damit die Endphase des Haarwachstums. In dieser Phase stoppt der Stoffwechsel im Follikel vollständig. Die Haarwurzel löst sich dadurch vollständig von der Blutversorgung und wird als ‚Club-Haar' im Haarfollikel gehalten. Der Follikel bleibt inaktiv, die Matrix stirbt ab und das Haar bleibt in der Ruhephase, bis es schließlich ausfällt und der Zyklus erneut beginnt. Die Telogenphase betrifft rund 8-14 % der Kopfhaare und sie dauert etwa 3-6 Monate. Nichtsdestotrotz ist Haarausfall ein natürlicher Teil des Lebenszyklus des Haares.

Dauer
3-6 Monate (geschlechtsunabhängig)

Was passiert?

- Der Stoffwechsel der Haarfollikel stoppt, Wachstum stoppt
- Das Haar trennt sich, natürliches Ausfallen des Haares
- Neues Haarwachstum beginnt

Wenn die Telogenphase durch Stress oder hormonelle Veränderungen beeinflusst wird, kann dies zu verstärktem Haarausfall führen. Mehr zu übermäßigem Haarausfall erfährst du auf Seite 139.

Abb. 6: Telogenphase

Abb. 7: Telogenendphase mit neuer Anagenphase

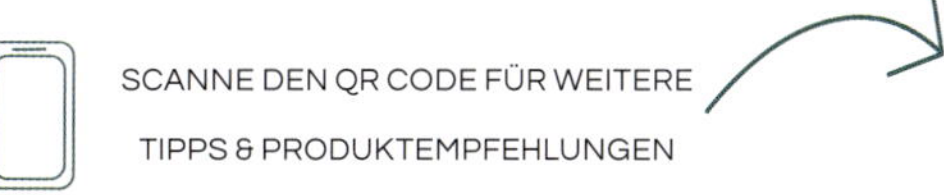

„Deine Locken liegen dir
in den Genen.
Sie sind so einzigartig
wie du selbst!“
Laura Schulze

Unterschied: Locken & glatte Haare

Ob du lockige oder eher glatte Haare bekommst, ist bereits genetisch vor deiner Geburt bestimmt. Schon zu Beginn der Schwangerschaft bilden sich alle Haarfollikel und es ist zu dem Zeitpunkt bereits festgelegt, welche Haarstruktur du haben wirst.

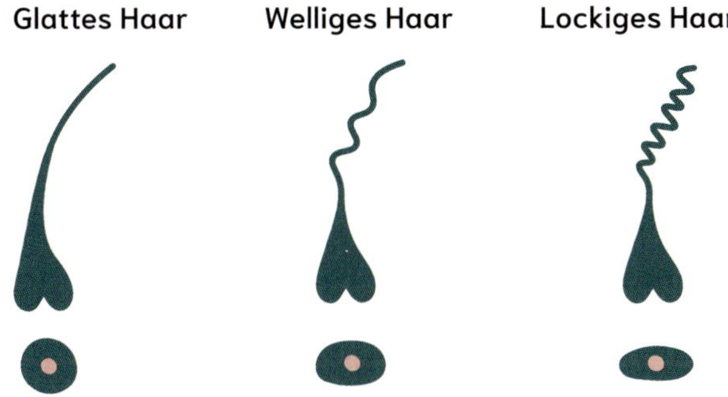

Abb. 8: Unterschiedliche Haarwurzeln

Lockige Haare unterscheiden sich nicht nur im Aussehen von glatten Haaren, auch in der Haarwurzel sind sie unterschiedlich aufgebaut. Das Geheimnis von Naturlocken geht auf die Haarwurzel zurück, aus denen die Haare wachsen. Sind deine Haare wellig oder hast du Locken, sind deine Haarwurzeln oval geformt, wohingegen sie bei glatten Haaren rund ist. Je lockiger deine Haare sind, desto ovaler sind deine Haarwurzeln. Du kannst selbst nicht beeinflussen wie deine Haarwurzel oder auch deine Haare geformt sind.

Klassifikation der Haartypen

Unser Haar ist ein wesentlicher Teil unseres äußeren Erscheinungsbilds und trägt maßgeblich dazu bei, wie wir uns selbst wahrnehmen und von anderen wahrgenommen werden. Es gibt eine große Vielfalt an Haartypen, die sich grundlegend von der Struktur und dem Lockenmuster unterscheiden.

Damit man weiß, über welche Naturlocken man sich unterhält, gibt es verschiedene Haartypen. Die allgemeine Klassifizierung der Haartypen beginnt mit vier Hauptkategorien. Hierbei beschreibt Typ 1 glattes Haar, Typ 2 gewelltes Haar, Typ 3 lockiges Haar und Typ 4 steht für krauses oder sehr lockiges Haar (Andre Walker, 2022).

Innerhalb dieser Hauptkategorien gibt es weitere Unterkategorien, die spezifische Merkmale und Bedürfnisse innerhalb des Typs darstellen. Diese Haartypen untergliedern sich in verschiedene Haarstruktur-Typen, die du an den Buchstaben a-c erkennst. Im Folgenden werde ich dir die Charakteristika der einzelnen Haartypen aufzeigen.

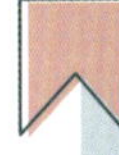

Gut zu wissen

Durch die Kenntnis deines Haartyps kannst du nur bedingt die richtige Wahl deiner Pflegeprodukte treffen. Es ist jedoch sinnvoll, den eigenen (groben) Haartypen zu kennen, vor allem, wenn du dich mit anderen Lockenköpfen austauschst.

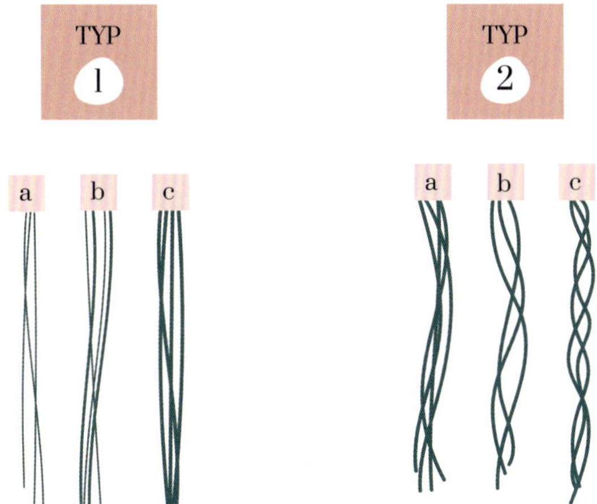

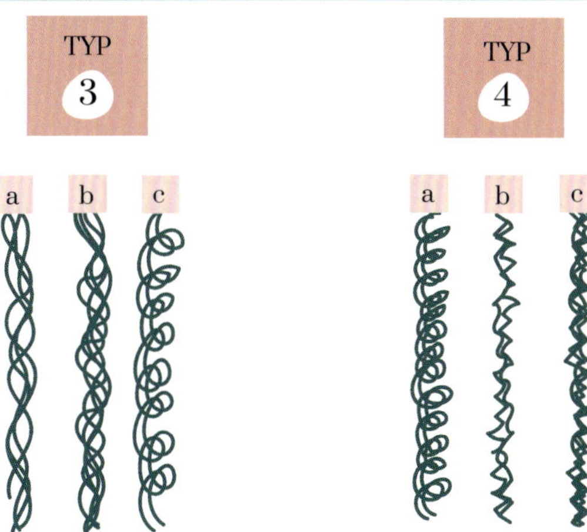

Abb. 9: System zur Haartypisierung

LOCKENBUCH.DE/00005

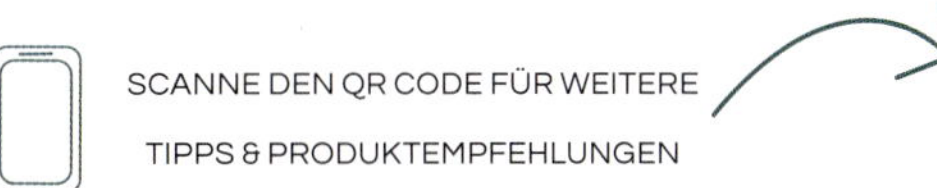

SCANNE DEN QR CODE FÜR WEITERE TIPPS & PRODUKTEMPFEHLUNGEN

Typ 1: Glatte Haare

Haartyp 1, auch als glattes Haar bekannt, ist durch seine schlanke, gerade Struktur gekennzeichnet, die ihm seinen spiegelglatten Look verleiht. Innerhalb dieses Haartyps gibt es die drei Untergruppen 1a, 1b und 1c, die jeweils sehr feines, mitteldickes und dickes bzw. grobes Haar beschreiben. Glattes Haar reflektiert Licht besser als jeder andere Haartyp und sieht daher oft gesund glänzend aus. Doch oftmals neigt glattes Haar dazu, das Öl der Kopfhaut schnell zu sammeln, was es fettig erscheinen lässt, wenn es nicht regelmäßig gewaschen wird. Die Pflege für glattes Haar erfordert daher die richtige Balance zwischen Reinigung und Feuchtigkeitsversorgung, um es gesund und widerstandsfähig zu halten.

Mein Tipp

Glatte Haare sind nicht gleich glatte Haare. Ich habe viele Menschen mit glatten Haaren getroffen, die ihre Haare zusätzlich glätten. Heute bin ich mir sicher, dass viele eigentlich dem Haartyp 2 angehören, also wellige Haare haben und nur nicht wissen, wie sie diese zu pflegen haben.

Für alle Untertypen von glattem Haar ist es wichtig, eine Balance in der Pflege zu finden, die das Haar sauber hält und gleichzeitig verhindert, dass es trocken und spröde wird. Volumengebende Produkte können ebenfalls hilfreich sein, um flachem Haar mehr Fülle und Bewegung zu verleihen.

Das Styling von glattem Haar kann einfacher sein als das Styling von lockigem oder welligem Haar, da es oft weniger anfällig für Frizz und andere Probleme ist. Gleichzeitig kann glattes Haar Schwierigkeiten haben, Curling und andere Styles beizubehalten, weshalb ein Hitzeschutzmittel oder ein stark haltendes Stylingprodukt hilfreich sein kann.

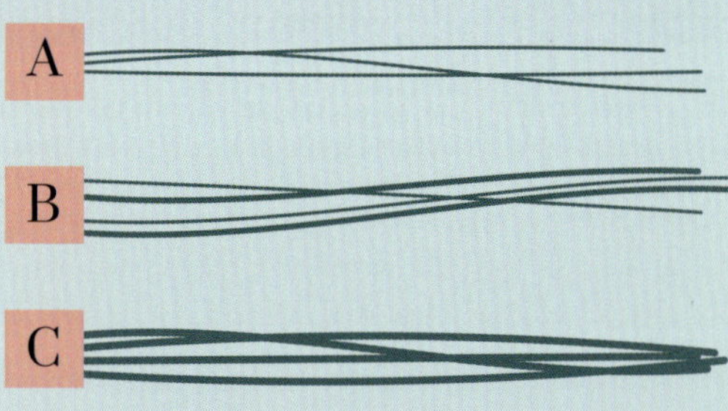

Abb. 10: Haartyp 1

1a Der Haartyp 1a weist sehr feine Haare auf, die sehr weich sind und glänzen. Die Haare haben kaum Volumen und neigen dazu, platt am Kopf zu liegen. Dieses Haar ist auch anfällig dafür, schnell zu fetten.

1b Die Haare des Typs 1b haben mehr Textur als Haartyp 1a, es ist aber immer noch glatt und glänzend. Haare des Typs 1b haben etwas mehr Volumen und können leichte Wellen an den Spitzen aufweisen und fühlen sich ‚voll' an.

1c Haare des Haartyps 1c sind sehr dick und glatt. Sie haben einen starken Körper und lassen sich nicht oder nur in sehr geringem Maße locken. Haar dieses Typs kann dazu neigen, stumpf zu wirken.

Typ 2: Wellige Haare

Als Haartyp 2 bezeichnet man wellige Haare. Es bietet ein einzigartiges Gleichgewicht zwischen glattem und lockigem Haar, da es ist nicht ganz glatt, aber auch nicht explizit lockig ist. Die Wellen in in diesem Haartyp bilden in der Regel eine S-Form und können von feinen, kaum wahrnehmbaren Wellen bis hin zu sehr ausgeprägten Wellen reichen. In dieser Kategorie lassen sich drei Unterkategorien 2a, 2b und 2c unterscheiden, die sich auf die Intensität der Wellen beziehen. So könntest du zum Beispiel der Meinung sein, dass du glatte Haare hast, die nur eine Welle zeigen. Doch mit der richtigen Pflege und auch passendem Styling kannst du deine Wellen aktivieren.

Bei der Pflege der Haare des Typs 2 ist es wichtig, ein Gleichgewicht zwischen feuchtigkeitsspendenden und volumengebenden Produkten zu finden. Zu reichhaltige Produkte können das Haar beschweren und die Wellen glätten, während Produkte, die nicht genug Feuchtigkeit spenden, zu trockenem und zu Frizz neigendem Haar führen können. Auch das Styling erfordert Fingerspitzengefühl, um die natürlichen Wellen zu betonen und Frizz zu minimieren. Curl Creams (siehe Seite 76) oder Lockenschaum (siehe Seite 77) können dazu beitragen, die natürlichen Wellen zu definieren.

2a Haare des Haartyps 2a wellen sich lose, und man sieht eine leichte Welle meist nur am Ende des Haares. Es neigt dazu, dünn und fein zu sein und hat mehr Volumen als glattes Haar, aber weniger Volumen als die Haartypen 2b und 2c. Es kann leicht Frizz bilden, profitiert aber von leichten Stylingprodukten, die die Wellen definieren, ohne das Haar zu beschweren.

2b Der Haartyp 2b hat deutliche, vollständigere Wellen in S-Form, die sich vom Ansatz bis zu den Spitzen wellen. Es neigt dazu, dicker zu sein als Haare des Typs 2a und kann zu Frizz neigen, insbesondere in feuchtem Klima. Für diesen Haartyp sind feuchtigkeitsspendende Produkte besonders hilfreich.

2c Die Wellen des Haartyps 2c sind am intensivsten und sichtbar wellig. Sie sind wesentlich dicker und man kann vereinzelt auch Locken erkennen. Die richtige Mischung aus Feuchtigkeitspflege und Stylingprodukten kann dazu beitragen, die Wellen zu definieren und zu kontrollieren.

Abb. 11: Haartyp 2

LOCKENBUCH.DE/00006

SCANNE DEN QR CODE FÜR WEITERE TIPPS & PRODUKTEMPFEHLUNGEN

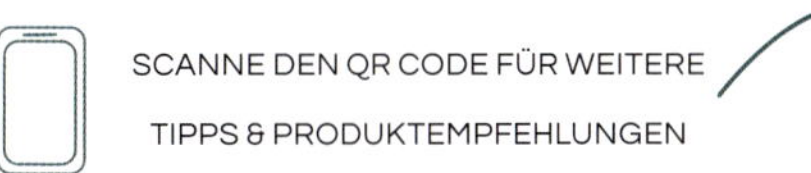

Typ 3: Lockige Haare

Als Haartyp 3 werden lockige Haare bezeichnet, bei denen man die zum Teil gebündelten Locken sehr gut erkennen kann. Sie reichen von größeren Locken bis hin zu regelrechten Korkenzieher-Locken.

Die Pflege von Haaren des Typs 3 Haar sollte grundlegend auf die Versorgung mit feuchtigkeitsspendenden Inhaltsstoffen Wert legen. Da die natürlichen Öle der Kopfhaut es hier schwerer haben, entlang des gewundenen Haarschaftes zu reisen, ist der Haartyp 3 meist trockener als glattere Haartypen. Verwende daher Produkte, die Feuchtigkeit spenden und einschließen wie z. B. Deep Conditioner, Leave-In-Conditioner oder auch Haaröle.

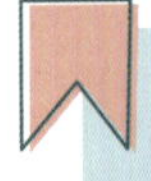

Merke dir

Wenn du dich nicht eindeutig einem Lockentypen zuordnen kannst, macht das überhaupt nichts!

Denn genau genommen haben viele Menschen unterschiedliche Haartypen auf dem Kopf.

Auch die Pflege deiner Haare ist davon aber nur bedingt beeinträchtigt. Im Allgemeinen kannst du neben der Lockenstärke grob feststellen, dass stark gelockte Haare trockener sind als weniger stark gelockte. Keine Angst - es gibt noch einige andere Faktoren, die die Wahl der richtigen Pflege beeinflussen.

A

B

C

Abb. 12: Haartyp 3

3a Dieser Haartyp hat viele dicke Locken, die recht locker, aber groß und gut definiert sind. Diese Locken glänzen meist, haben aber eine eher glatte Textur. Bei feuchtem Wetter kann man oft Frizz erkennen.

3b Die stark gelockten Haare des Typs 3b haben einen etwas kleineren Durchmesser und es können zum Teil sogar richtige Korkenzieherlocken zu erkennen sein. Diese Locken haben oft mehr Volumen als Haare des Typs 3a, können aber auch trockener und anfälliger für Frizz sein.

3c Die Haare des Typs 3c sind sehr lockig mit vielen kleinen Korkenzieherlocken. Die sind sehr dicht beieinander.

4a Der Haartyp 4a hat extrem kleine, definierte Korkenzieherlocken, die sehr eng beieinander liegen. Obwohl es eine klare Lockenstruktur hat, neigt es dazu, sehr trocken zu sein.

4b Die Locken des Haartyps 4b sind sehr voluminös und klein, so dass sie sogar z-förmig sind. Die Locken sind weniger definiert und oft als einzelne Locken nicht erkennbar. Die Locken sind oft sehr dicht und können dazu neigen, sich zu verwirren, weshalb eine sehr sanfte Entwirrung besonders wichtig ist.

4c Die fein strukturierten Locken des Haartyps 4c sind z-förmig und sehr stark miteinander verwickelt, so dass kein wirkliches Lockenmuster erkennbar ist. Stattdessen schrumpft das Haar extrem, so dass das Wachsen lassen für so manch einen zur Qual wird.

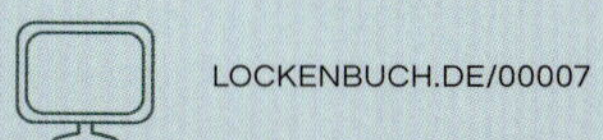

LOCKENBUCH.DE/00007

Typ 4: Krause Haare

Als Haartyp 4 werden stark gelockte, bzw. ‚krause' Haare bezeichnet, die sehr eng beieinander liegen oder miteinander verwickelt sind. Solche Haare sind bekannt für ihre dichte, eng gewundene Struktur, die oft mit Afro-Haartypen assoziiert sind. Die natürlichen Öle der Kopfhaut haben es schwer, sich entlang der engen, meist z-förmigen Locken zu bewegen, was dazu führt, dass die Locken oft sehr trocken sind.

Mein Tipp

Verwende in regelmäßigen Abständen einen feuchtigkeitsspendenden Deep Conditioner (Seite 70), welcher dabei hilft, deine Haare hydratisiert und genährt zu halten. Aloe Vera, Sheabutter oder Avocadoöl können dabei geeignete, pflegende Inhaltsstoffe sein.

Auch brechen die Haare dieses Lockentyps sehr leicht. Die Pflege des Haartyps 4 erfordert deshalb eine intensive Feuchtigkeitsversorgung und eine sanfte Handhabung.

Die. Struktur des Haartyps 4 ist einzigartig und bietet eine unglaublche Vielfalt an Styling-Optionen. Das Styling kann eine Vielzahl von Techniken umfassen. So können schützende Frisuren wie Twist-Outs und Braid-Outs bis hin zu Bantu-Knoten die Haare des Typs 4 vor Umwelteinflüssen und Haarbruch schützen.

Abb. 13: Haartyp 4

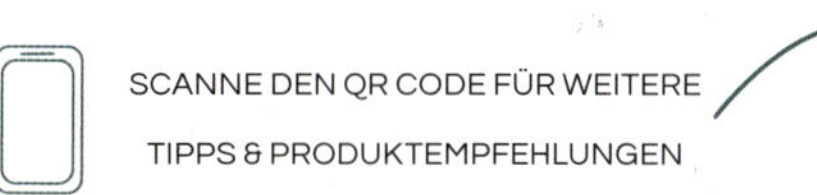

02 Analysiere deine Locken

Für die Wahl der richtigen Pflege- und Stylingroutine ist nicht nur dein Haartyp, also der Grad, wie stark sich deine Haare locken, sondern auch die Haarporosität und die Haardicke entscheidend. Auf den nächsten Seiten zeige ich dir deshalb, wie du deine Haare selbst analysieren kannst.

LOCKENBUCH.DE/00008

SCANNE DEN QR CODE FÜR WEITERE TIPPS & PRODUKTEMPFEHLUNGEN

Die Porosität deiner Haare

Die Porosität deiner Haare zeigt, wie die Schuppenschicht der Cuticula zur Faserschicht und Haarmark angeordnet ist, und damit wie sehr dein Haar geschützt und gesund ist. Du solltest die Porosität kennen, weil du mit dieser Info einschätzen kannst, in welchem Maße deine Haare Haarpflege aufnehmen und halten können und auch, welche Inhaltsstoffe deine Pflegeprodukte enthalten sollten, damit deine Haare gesund weiterwachsen können.

Mein Tipp

Bevor du deine Haare analysierst, solltest du sie mit einem geeigneten Shampoo ohne wasserunlösliche Silikone von allen Ablagerungen und Schmutz befreien. Am besten nutzt du hierfür ein Tiefenreinigungsshampoo (siehe Seite 65).

Du kannst dein Haar grob in drei verschiedene Porositätstypen untergliedern: geringe, normale und hohe Porosität. Im Folgenden zeige ich dir die unterschiedlichen Ausprägungen dieser Porositätstypen.

Die Analogie des Tannenzapfens veranschaulicht das Konzept der Haarporosität gut. Genau wie bei Haaren kann die Schuppenschicht eng anliegen, leicht oder aber auch sehr weit abstehen.

Abb. 14: Porositäten der Haare

Gering poröse Haare

Haare sind gering porös, wenn die Schuppenschicht der Cuticula kompakt anliegt. Haare mit einer geringen Porosität glänzen oftmals und fühlen sich glatt an. Der Nachteil ist, dass sich die Haare nicht gut stylen lassen, da aufgrund der eng anliegenden Schuppenschicht Wasser nicht schnell in deine Haare eindringt. Sind sie allerdings nass, dauert es sehr lange, bis deine Haare getrocknet sind.

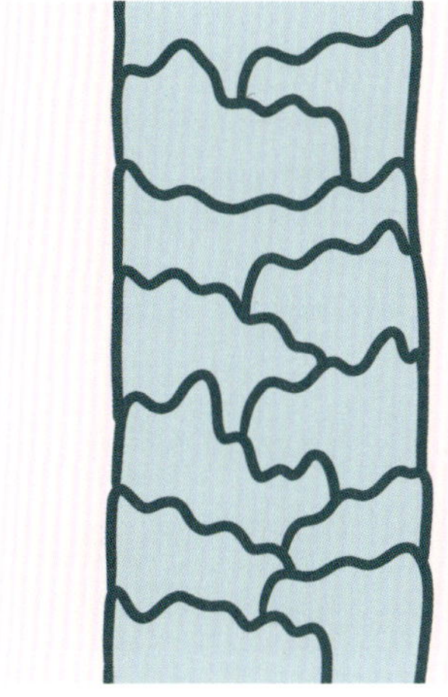

Abb. 15: Gering poröses Haar

- Eng anliegende Schuppenschicht
- Haare nehmen kaum Pflege auf
- Viel Produkt kann zu Build-Up führen

Wie bei der Wasseraufnahme verhält es sich übrigens auch mit Pflegeprodukten (ganz zu schweigen von Farbe), die das Haar nur schwer aufnimmt. Pflegeprodukte können sich schnell ablagern und dein Haar fettig erscheinen lassen - ein so genannter ‚Build-Up' (siehe Seite 67).

Denke an einen Tannenzapfen an einem warmen, sonnigen Tag. Die Schuppen des Zapfens sind eng aneinander gereiht und liegen flach, sodass kaum Raum zwischen ihnen ist. Diese Anordnung entspricht Haaren mit niedriger Porosität.

Die eng anliegenden Schuppen der Cuticula lassen kaum Feuchtigkeit oder Öl eindringen, doch sie halten die einmal aufgenommene Feuchtigkeit gut. Daher benötigen Menschen mit niedriger Haarporosität oft Wärme, um ihre Cuticula zu öffnen und Feuchtigkeit in das Haar zu lassen. Sind deine Haare gering porös, benötigst du vermehrt Feuchtigkeitszufuhr und weniger Proteine. Achte jedoch darauf, dass du ab und zu Produkte mit Proteinen verwendest, um eine ausgeglichene Balance zu schaffen (mehr dazu auf Seite 59).

Hast du gering poröse Haare?

- [ ] Dauert es länger als 30 Sekunden, bis deine Haare vollständig nass werden?
- [ ] Perlt Wasser komplett an deinen Haaren ab?
- [ ] Dauert es länger als 3 Stunden, bis deine Haare an der Luft (vollständig) getrocknet sind?
- [ ] Färbst du deine Haare?
- [ ] Nehmen deine Haare kaum Pflege wie z. B. eine Haarkur an?
- [ ] Du bekommst schnell Build-Up, wenn du etwas mehr Produkt verwendest?
- [ ] Deine Haare glänzen sehr?

Beantwortest du die Fragen überwiegend mit ja? Dann liegt die Schuppenschicht deiner Haare wahrscheinlich eng an und deine Haare sind gering porös.

Normal poröse Haare

Normal porös stellt den perfekten Zustand von Haaren dar, da die Schuppenschicht der Haare ist leicht geöffnet ist, so dass die Haare Pflegeprodukte gut aufnehmen. Die Haare lassen sich gut stylen, sehen gesund aus und auch das Färben ist problemlos möglich.

Sind deine Haare normal porös, solltest du einen ausgewogenen Anteil an feuchtigkeitsspendender und proteinhaltiger Haarpflege verwenden. Doch merke: Nicht jeder Lockenkopf benötigt gleich viel Protein in der Haarpflege-Routine. Mit der Zeit merkst du, wie viel deine Haare am besten vertragen.

Hast du normal poröse Haare?

- ◯ Nehmen deine Haare Pflege wie z. B. Haarmasken gut auf?
- ◯ Werden deine Haare beim Waschen nach ungefähr 30 Sekunden nass?
- ◯ Wenn du deine Haare nass machst, bilden sich auf deinen Haaren erst einmal Perlen und das Wasser zieht danach ein?
- ◯ Dauert es rund 1-3 Stunden, bis deine Haare an der Luft (vollständig) getrocknet sind?
- ◯ Lassen sich deine Haare gut stylen?
- ◯ Glänzen deine Haare ein wenig und sehen gesund aus?
- ◯ Hast du deine Haare gefärbt, aber bereits vor längerer Zeit?

Kannst du dies überwiegend mit ja beantworten? Herzlichen Glückwunsch! Dann sind deine Haare wahrscheinlich normal porös.

Abb. 16: Normal poröses Haar

- → Leicht geöffnete Schuppenschicht
- → Haare lassen sich gut stylen
- → Haare nehmen Pflege gut auf

Ein Tannenzapfen in einem ausgewogenen Klima, weder zu trocken noch zu feucht, hält seine Schuppen weder zu eng noch zu offen. Dies ist vergleichbar mit mittlerer Haarporosität, die als ideal gilt. Bei mittlerer Porosität sind die Schuppen der Cutikula gerade genug geöffnet, um die richtige Menge an Feuchtigkeit aufzunehmen und zu speichern.

Hoch poröse Haare

Sind Haare hoch porös, haben diese eine sehr weit geöffnete Schuppenschicht. Sie nehmen Wasser und auch Pflegeprodukte sehr schnell auf, allerdings verlieren sie diese auch schnell wieder, da die Schuppenschicht zu weit geöffnet ist. Ein Merkmal dafür ist, dass die Haare sehr schnell trocknen, sehen zudem sehr trocken aus und neigen zu Frizz.

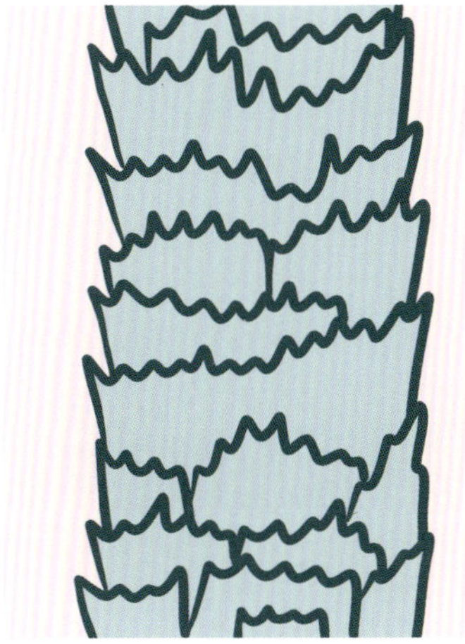

Abb. 17: Hoch poröses Haar

- Weit geöffnete Schuppenschicht
- Haare nehmen Pflege schnell auf
- Pflege kann aber nicht gehalten werden

Haare mit einer weit geöffneten Schuppenschicht sind hoch porös und benötigen neben der Feuchtigkeitspflege vermehrt Proteine als Inhaltsstoffe in der Haarpflege. Diese sorgen für den Aufbau der Haarstruktur, die aus Keratin besteht, und bilden zum einen auf den Haaren eine Schutzschicht und glätten zum anderen die Schuppenschicht.

Stell dir vor, wie sich der Tannenzapfen in feuchter, regnerischer Umgebung verhält. Die Schuppen öffnen sich, um das Wasser aufzunehmen. Diese offene Struktur entspricht Haaren mit hoher Porosität. Bei diesem Haartyp ist die Cutikula weit geöffnet, wodurch Feuchtigkeit und Öle leicht eindringen können. Aber genauso wie der Tannenzapfen das Wasser wieder abgibt, wenn die Sonne scheint, kann auch das Haar mit hoher Porosität Feuchtigkeit schnell wieder verlieren. Daher benötigen Menschen mit hoher Haarporosität oft Produkte und Behandlungen, die helfen, die Feuchtigkeit einzuschließen.

Indem du die Porosität deines Haares kennst, kannst du besser verstehen, wie du es pflegen und behandeln musst, um es gesund und schön zu halten. Wie der Tannenzapfen, der sich an sein Klima anpasst, kann auch dein Haar von den richtigen Pflegeprodukten und -praktiken profitieren, die auf seine speziellen Bedürfnisse abgestimmt sind.

Hast du hoch poröse Haare?

- [ ] Nehmen deine Haare Pflege schnell auf (z. B. Haarkuren), aber können sie nicht halten?
- [ ] Werden deine Haare beim Waschen sofort nass, zieht das Wasser also direkt ein?
- [ ] Trocknen deine Haare in unter 60 Minuten vollständig an der Luft?
- [ ] Fühlen sich deine Haare strohig an und sind stumpf?
- [ ] Färbst du deine Haare?

Kannst du dies überwiegend mit ja beantworten? Dann steht die Schuppenschicht deiner Haare wahrscheinlich sehr weit ab und deine Haare sind hoch porös.

So testest du die Porosität

Du kannst deine Haarporosität am einfachsten herausfinden, indem du deine Haare aufmerksam beobachtest. Die Fragen des vorherigen Abschnittes zur Porosität geben dir die nötigen Hinweise. Bist du dir jedoch noch nicht ganz sicher, kannst du auch den Wassertest ganz leicht und unkompliziert machen.

Mein Tipp

Das eindeutigste Testergebnis erreichst du, wenn deine Haare frisch gewaschen sind und du keine Pflegeprodukte im Haar hast. Ich empfehle dir hierfür ein Tiefenreinigungsshampoo (Seite 65) zu verwenden..

Geringe Porosität

Normale Porosität

Hohe Porosität

Abb. 18: Porosität testen

Das benötigst du

Du benötigst ein Glas mit Wasser und ein Einzelnes deiner Haare.

So gehts

Lege das Haar in ein mit Wasser gefülltes Glas. Achte darauf, dass das Haar die Wasseroberfläche einmal durchdringt, denn die Oberflächenspannung würde ansonsten dein Haar einfach oberhalb schwimmen lassen.

Das Ergebnis kannst du innerhalb von rund 2 Minuten ablesen.

Ergebnis

Betrachte nun dein Haar und beobachte, wo es sich im Glas befindet. Schwimmt es im oberen Bereich, ist es bis in die Mitte oder sogar auf den Grund gesunken? Hieran kannst du erkennen, wie porös deine Haare sind:

- Bleibt das Haar an der Oberfläche, hat es eine geringe Porosität.
- Sinkt das Haar in die Mitte des Wasserglases, sind deine Haare normal porös.
- Wandert das Haar bis auf den Grund, ist dein Haar in hohem Maße porös.

Die Porosität deiner Haare kann sich ändern

Bei der Porosität ist es wie überall im Leben, nichts ist in Stein gemeißelt.

Vor allem Haarfärbemittel (insbesondere Blondierungen), chlorhaltiges Wasser oder auch Sonne und Salzwasser können deine Haare angreifen und dafür verantwortlich sein, dass sich die Schuppenschicht öffnet.

An einigen Stellen, wie dem der Sonne mehr ausgesetzten Deckhaar, kann die Porosität daher höher sein als im Unterhaar.

Daher kannst du unterschiedliche Porositäten auf dem Kopf haben. Doch keine Angst, mit der geeigneten Haarpflege kannst du sie auch wieder auf ein gesundes Maß angleichen.

Es lohnt sich wirklich, deine Porosität im Blick zu behalten und immer mal wieder zu überprüfen.

Haarstärke: Sind deine Haare dick oder fein?

Die Haarstärke – auch Haardicke genannt – ist ein Indikator dafür, wie gut deine Haare Umwelteinflüssen, chemischen Behandlungen oder auch dem mechanischen Stress beim Styling standhalten können, ohne dass sie brechen oder Spliss entwickeln.

Haarstärke wird zum Großteil durch die Struktur und Gesundheit der Cuticula, der äußeren Schicht des Haarschafts, bestimmt. Hierbei wird gemessen, wie groß der Durchmesser eines einzelnen Haares ist. Im normalen Sprachgebrauch wird die Haarstärke auch als ‚dicke' bzw. ‚kräftige' und ‚dünne' bzw. ‚feine' Haare bezeichnet.

Die Haarstärke sagt aus, wie ausgeprägt die Faserschicht (Cortex) eines Haares ist und damit, wie widerstandsfähig – also wie stark im wahrsten Sinne des Wortes – deine Haare sind. Dies wiederum hat Einfluss auf die Wahl deiner Haarpflege. Wie du die Haarstärke bestimmst und wie sie deine Haarpflege- und Stylingprodukte beeinflusst, verrate ich dir in diesem Abschnitt.

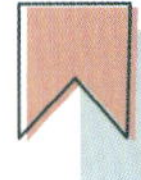

Gut zu wissen

Je dicker der Haarstrang, desto widerstandsfähiger und schwerer ist das Haar.

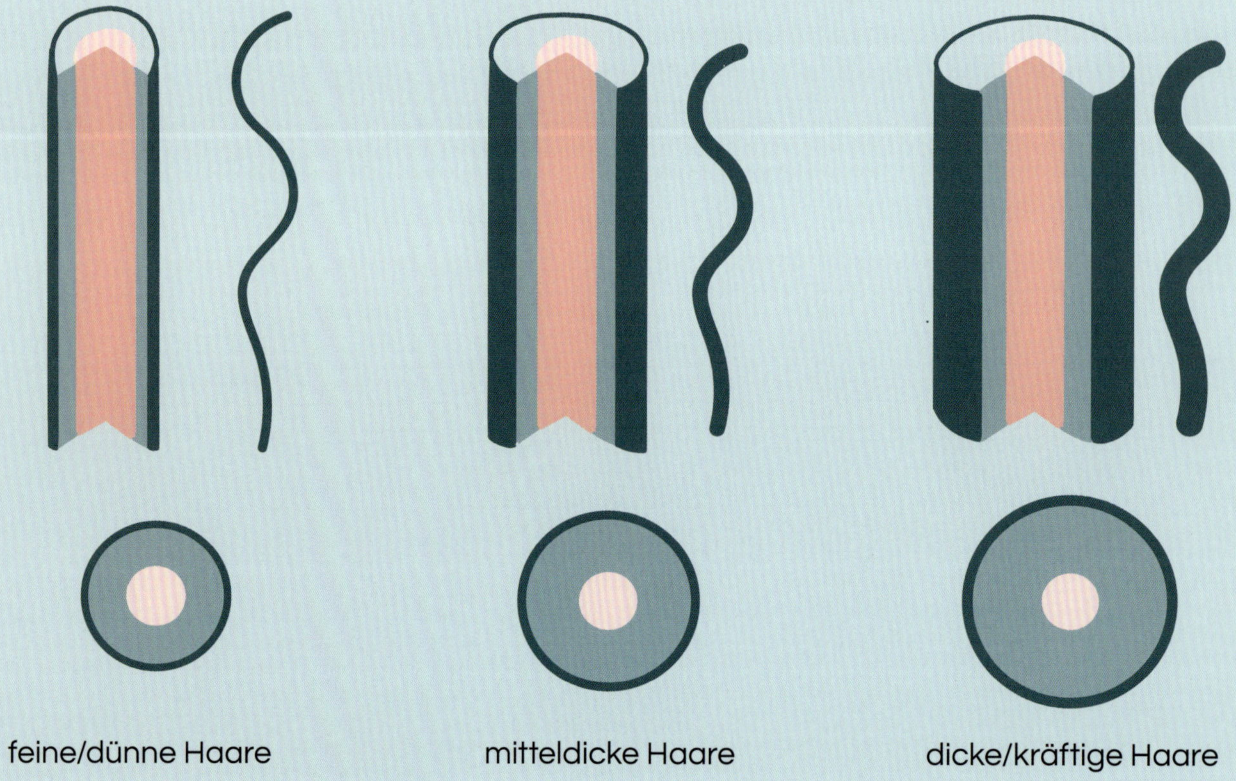

feine/dünne Haare

mitteldicke Haare

dicke/kräftige Haare

Abb. 19: Haardicke

So bestimmst du die Haarstärke

Du kannst ganz einfach und ohne jedes weitere Hilfsmittel herausfinden, ob du kräftige/dicke oder dünne/feine Haare hast. Hierfür nimmst du ein einzelnes Haar zwischen Zeigefinger und Daumen und ziehst es einmal durch.
Sind deine Haare dünn, spürst du dein Haar kaum bis gar nicht zwischen deinen Fingern. Merkst du dein Haar ganz genau, hast du eine mittlere Haarstärke. Kannst du es richtig gut wie einen Faden spüren, hast du wahrscheinlich dicke Haare.

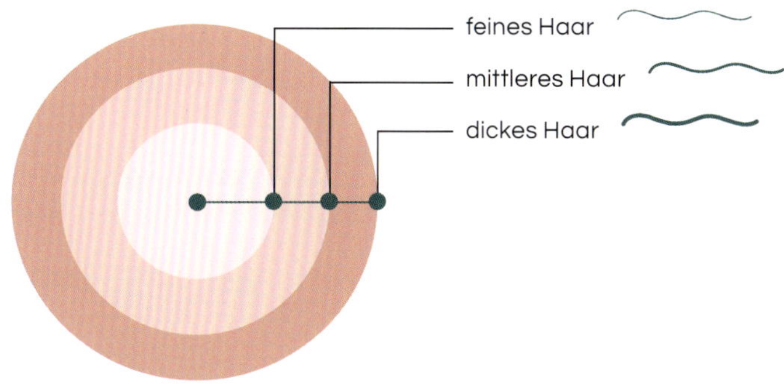

Abb. 20: Haardicke im direkten Vergleich

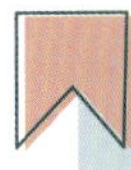

Gut zu wissen

Nicht verwechseln: Es gibt einen Unterschied zwischen Haarstärke und Haardichte! Du kannst dicke, aber wenige Haare haben oder auch viele sehr feine Haare.

LOCKENBUCH.DE/00012

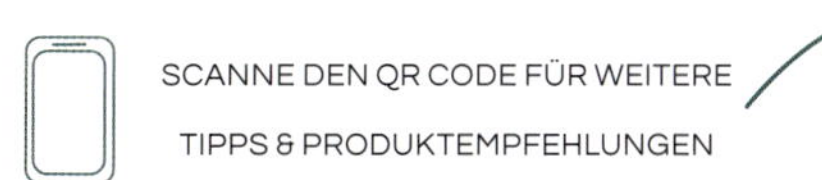

SCANNE DEN QR CODE FÜR WEITERE TIPPS & PRODUKTEMPFEHLUNGEN

Dicke (kräftige) Haare

Dicke oder auch kräftige Haare haben eine große Faserschicht, die das Haarmark umgibt. Das macht die Haare sehr stark, so dass du meist mehr mit ihnen machen kannst, ohne dass sie angegriffen werden. Haare mit einer ausgeprägten Haarstärke sind stark genug, um manuelle Beanspruchung wie das Kämmen oder Bürsten oder sogar chemische Behandlungen wie Haarefärben auszuhalten. Der Nachteil an dicken Haaren kann sein, dass sie oftmals kaum zu bändigen zu sein scheinen. Es gibt aber noch weitere entscheidende Vorteile:

- Kräftige Haare können reichhaltigere Produkte mit Inhaltsstoffen wie Ölen (Castor Oil, Rizinusöl, Arganöl oder Olivenöl) oder Butter (z. B. Shea Butter) vertragen.
- Dicke Haare neigen nicht so schnell zu Build-Up.
- Sehr kräftige Haare, die regelrecht störrisch sind, kannst du mit den geeigneten Haarpflegeprodukten spürbar weicher machen.

Mitteldicke Haare

Haare mit einer mittleren Haarstärke haben einen Durchmesser von ungefähr 0,06-0,08 mm. Ohne weitere Hilfsmittel ist es schwer, mitteldicke von dicken Haaren zu unterscheiden, daher werden sie meist auch als kräftig bezeichnet. Mitteldicke Haare lassen sich gut stylen und nehmen die Pflegeprodukte ebenfalls gut auf. Hast du mitteldicke Haare, wirst du nur in geringem Maße Probleme durch zu schwere Produkte oder auch Produktablagerungen im Haar haben.

Feine (dünne) Haare

Hast du dünne Haare, haben diese einen Durchmesser von ca. 0,04-0,06 mm. Sie sind spürbar fein und du kannst ein einzelnes Haar kaum zwischen deinen Fingern spüren. Reichhaltige Haarpflege wie Öle würden deine Haare eher beschweren, Locken würden sich aushängen und es kommt leichter zu Produktablagerungen in den Haaren.

Mein Tipp

Verwende für feine Haare Pflege- und Stylingprodukte mit leichten Inhaltsstoffen. Für deine Haare können einige Leave-in-Conditioner nicht geeignet sein, weil sie die Haare meist beschweren. Solltest du diesen benötigen, arbeite ihn ausschließlich in die Haarspitzen ein. Eine leichte Curl Cream kann dagegen wahre Wunder bei der Aktivierung deiner Locken bewirken!

Setze deinen Fokus	Definition z. B. mit Haargel	Volumen z. B. mit Lockenschaum
Geringe Haardicke		☑
Mittlere Haardicke	☑	☑
Starke Haardicke	☑	

Abb. 21: Styling bei unterschiedlicher Haardicke

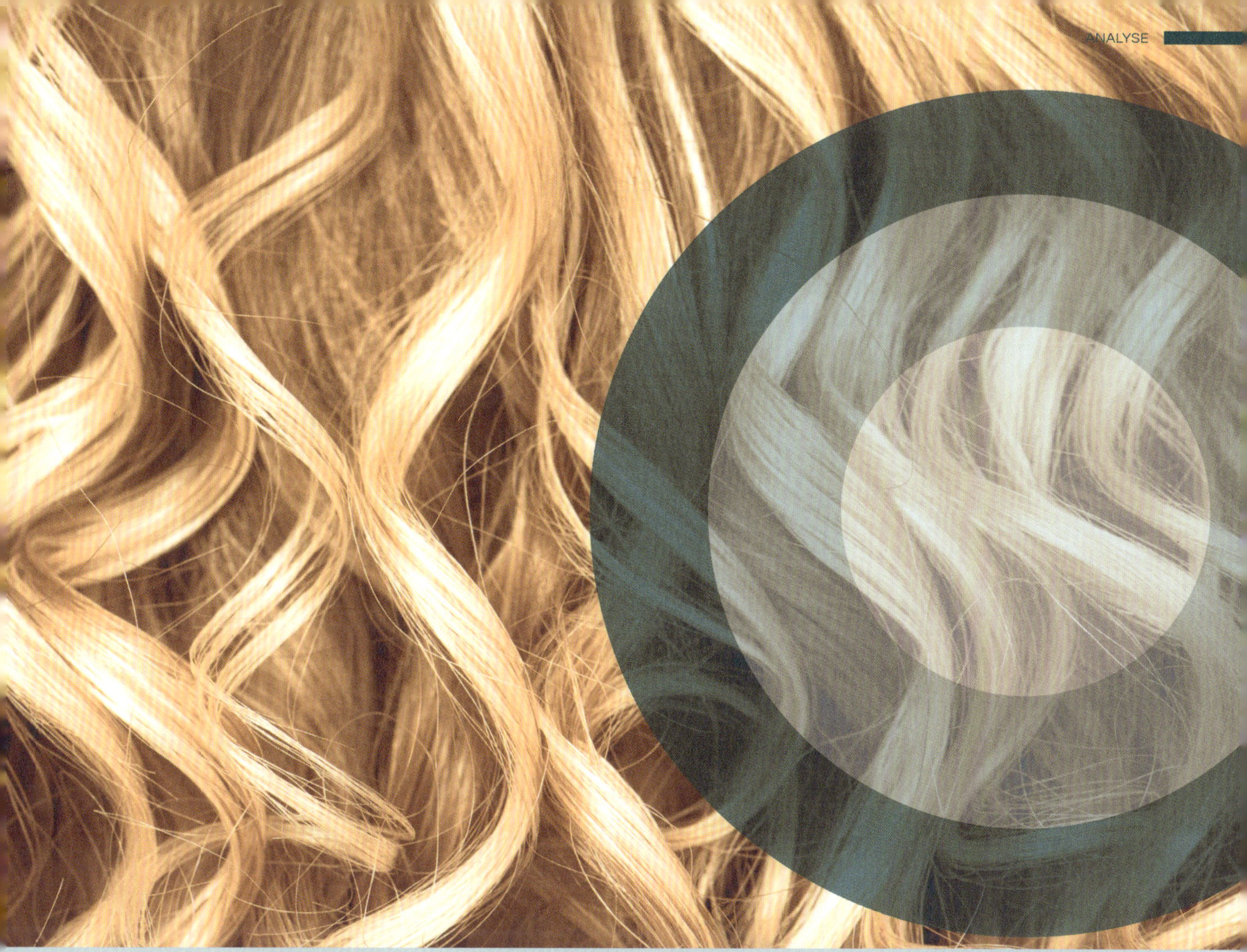

Kann ich die Haarstärke beeinflussen?

Die Haarstärke ist ein komplexes Thema, das viele Faktoren berücksichtigt. Die gute Nachricht ist, dass du einige Möglichkeiten hast, die Stärke und Gesundheit deines Haares zu fördern. Genetik spielt zwar grundsätzlich eine große Rolle, aber auch dein Lebensstil und deine Haarpflegegewohnheiten haben großen Einfluss. Eine ausgewogene Ernährung, ausreichende Hydratation und regelmäßige Pflege können die Haarstärke verbessern. Gleichzeitig können schädliche Praktiken wie übermäßiges Stylen mit Hitze, chemische Behandlungen oder zu viel Spannung beim Styling auf das Haar die Haarstärke verringern.

Um die Stärke deines Haares zu fördern, ist es wichtig, Produkte und Behandlungen zu wählen, die dein Haar nähren und schützen. Protein-Treatments können helfen, die Cuticula zu stärken und zu reparieren, während feuchtigkeitsspendende Conditioner und Haarmasken dazu beitragen können, das Haar zu hydratisieren und seine Elastizität zu verbessern. Denke jedoch daran, ein Gleichgewicht zu finden und immer auf die Bedürfnisse deines Haares zu achten, da z. B. zu viel Protein zu einem Protein Overload (siehe Seite 136) führen kann.

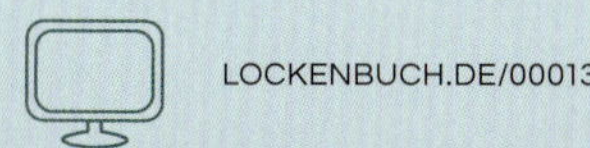

Haardichte: Wie voll ist dein Haar?

Als Haardichte oder Haarfülle bezeichnet man die Anzahl der Haare auf dem Kopf. Sie ist ein weiterer wichtiger Aspekt bei der Beurteilung und Pflege deiner Haare. Sie bezieht sich auf die Anzahl der Haarfollikel, die du pro Quadratzentimeter auf deiner Kopfhaut hast. Je mehr Follikel du hast, desto dichter ist dein Haar. Beachte, dass Haardichte und Haardicke nicht dasselbe sind; während die Haardichte sich auf die Anzahl der Haare bezieht, bezieht sich die Haardicke auf die Breite des einzelnen Haares.

Die Haardichte ist genetisch bedingt und kann im Laufe deines Lebens durch Faktoren wie Alter, Ernährung und Gesundheitszustand variieren. Es gibt drei allgemeine Kategorien der Haardichte: gering, mittel und hoch. Du kannst die Haarfülle dementsprechend nicht messen, denn dafür müsstest du alle deine Haare zählen. Es gibt jedoch Anhaltspunkte, mit denen du erkennen kannst, welche Haarfülle du hast.

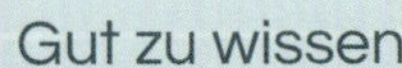

Gut zu wissen

Beachte, dass die Haarstärke und -fülle unabhängig von der Haartextur sind. Menschen mit lockigem Haar können dickes oder dünnes Haar haben, genauso wie Menschen mit glattem Haar.

Weshalb solltest du deine Haarfülle kennen?

Deine Haare sind einzigartig, doch es gibt einige Faktoren, anhand derer du ablesen kannst, welche Haarpflege deine Locken oder Wellen benötigen. Die Haarfülle zeigt dir, ob du bei bestimmten ‚schweren' Inhaltsstoffen Probleme mit dem Volumen am Haaransatz bekommen könntest.

Die Kenntnis deiner Haardichte kann dir also dabei helfen, besser zu verstehen, welche Produkte und Stylings für dich am besten geeignet sind.

Geringe Haardichte

Du hast eine geringe Haarfülle, wenn du deine Kopfhaut durch deine Haare durchscheinen siehst, denn dann kannst du davon ausgehen, dass du weniger als den normalen Schnitt von 200 Haaren pro Quadratzentimeter hast. Geringe Haardichte bedeutet, dass die Haare auf deinem Kopf weit auseinander liegen und deine Kopfhaut möglicherweise durch dein Haar hindurch sichtbar ist. Bei geringer Haardichte kann es hilfreich sein, Produkte zu verwenden, die Volumen verleihen und Stylings wie etwa das Über-Kopf-Styling (siehe Seite 100, die deine Haare voller aussehen lassen, wie etwa Locken oder Wellen.

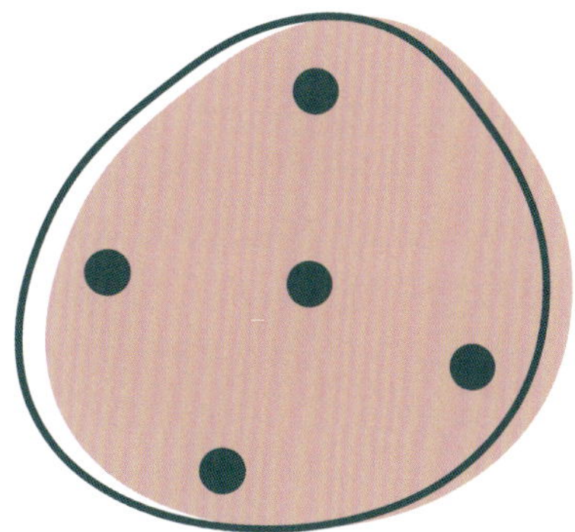

Mittlere Haardichte

Siehst du deine Kopfhaut nur wenig, zum Beispiel an einem Wirbel, hast du wie die meisten Menschen eine mittlere Haardichte. Bei dieser Dichte sind die Haare gleichmäßig auf der Kopfhaut verteilt. Menschen mit mittlerer Haardichte können eine Vielzahl von Stilen und Produkten ausprobieren, je nachdem, was sie mit ihren Haaren erreichen wollen.

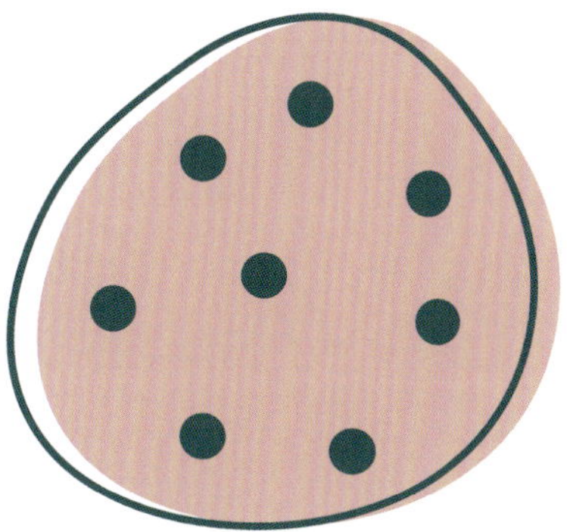

Hohe Haardichte

Ist deine Kopfhaut überhaupt nicht erkennbar, ist deine Haarfülle ausgeprägt bzw. hoch und bedeutet, dass du sehr viele Haare auf deinem Kopf hast. Menschen mit hoher Haardichte können feststellen, dass ihre Haare schwer zu handhaben sind und mehr Produkte benötigen, um sie zu stylen und zu pflegen. Andererseits bietet eine hohe Haardichte eine tolle Möglichkeit für verschiedene Frisuren und sieht oft sehr voll und üppig aus.

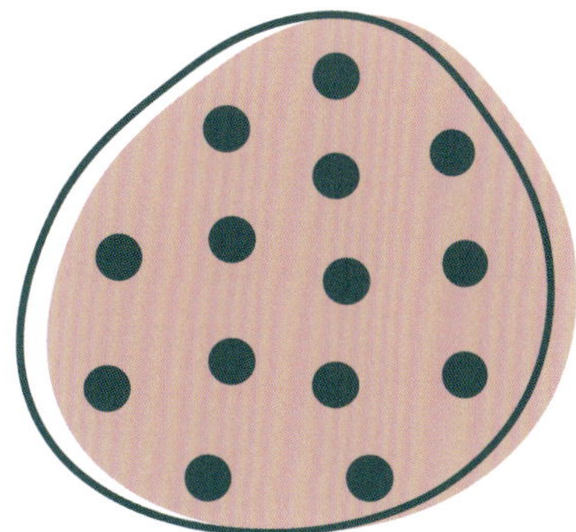

Abb. 22: Anordnung der Haare unterschiedlicher Haardichten auf der Kopfhaut

03 Was sich noch auf deine Haare auswirkt

Es gibt neben Haarpflege- und Stylingprodukten auch weitere Faktoren, die sich auf deine Haare auswirken. Ich zeige dir in diesem Kapitel, was noch Einfluss auf deine Haargesundheit nimmt.

Der pH-Wert und die Haare

Der pH-Wert ist für den ganzen Körper von großer Bedeutung, weshalb sich auch ein unpassender pH-Wert auch auf die Haare auswirkt. Doch was genau ist der pH-Wert und wie exakt nimmt dieser Wert Einfluss auf deine Haarstruktur? Der pH-Wert gibt an, wie sauer oder basisch eine Lösung enthalten ist. Die Skala reicht von 0 bis 14, wobei der pH-Wert 7 der Neutralpunkt ist. Unter 7 bezeichnet man den pH-Wert als sauer, über 7 ist der pH-Wert basisch.

Hier kannst du nachvollziehen, wie der pH-Wert eingestuft wird:

- Lösungen, welche einen pH-Wert von über 7 besitzen, werden als Basen oder Laugen bezeichnet.
- Lösungen mit einem pH-Wert von gleich 7 sind hingegen neutral.
- Lösungen, welche einen pH-Wert von unter 7 besitzen, werden als saure Lösungen.

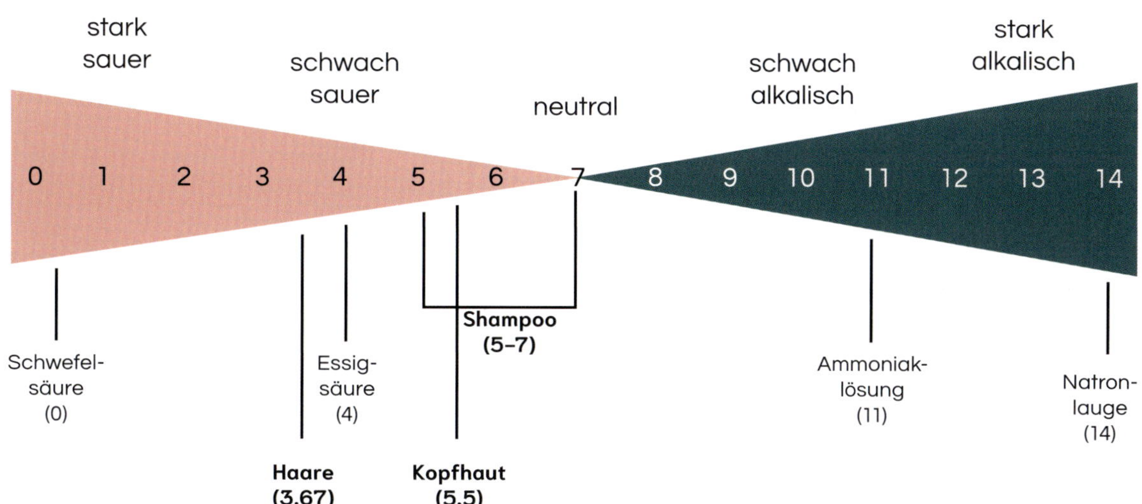

Abb. 23: pH-Skala

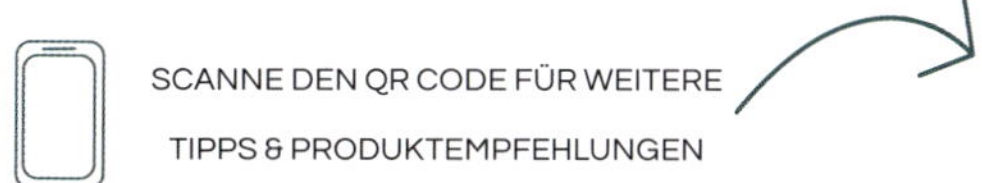

Basische Produkte trennen die Salzbrücken (siehe Seite 11) im Haar, die Schuppenschicht öffnet sich und lässt den Haarschaft anschwellen. Je basischer die Lösung ist, desto schneller und stärker öffnet sich die Schuppenschicht.

Leicht saure Produkte lassen das Haar wieder abschwellen und die Schuppenschicht sich wieder schließen. Je saurer das Produkt ist, desto schädigender ist es jedoch für das Haar. Daher solltest du auch vorsichtig im Umgang mit eigens hergestellten Pflegeprodukten sein, da Essig unverdünnt sehr schädigend für die Haare ist.

Was gibt der pH-Wert an?

Der pH-Wert ist ein Maß für die Wasserstoffionenkonzentration in einer Lösung. Kurz gesagt, gibt der pH-Wert an, wie sauer oder basisch eine Lösung ist.

Übrigens: Die Abkürzung pH steht für den lateinischen Begriff ‚pondus Hydrogenii' und bedeutet ‚Gewicht des Wasserstoffs'.

Ist der pH-Wert für die Haare wichtig?

Unsere Kopfhaut hat einen leicht sauren pH-Wert, der bei 5,5 liegt. Dieses leicht saure Milieu hilft, die Haut vor schädlichen Mikroorganismen zu schützen und ihre natürliche Barrierefunktion aufrechtzuerhalten. Dein Haar hat ebenfalls einen leicht sauren pH-Wert von 3,67, der dabei hilft, die Schuppenschicht der Haare geschlossen und gesund zu halten.

Mein Tipp

Verwendest du bei der Haarwäsche die Co-Wash-Methode (siehe Seite 68), d. h. nur einen Conditioner und kein Shampoo, solltest du unbedingt darauf achten, dass du in diesem Fall deine Kopfhaut manuell von Schmutz befreien solltest. Hierfür kann ich dir eine Massagebürste empfehlen.

Der pH-Wert in Haarpflegeprodukten

Shampoos und Conditioner können einen großen Bereich verschiedener pH-Werte aufweisen. Viele traditionelle Shampoos haben einen alkalischen pH-Wert, oft bei 7 oder höher. Dieser alkalische Wert hilft, die Cuticula zu öffnen und Schmutz und Öl zu entfernen. Allerdings kann dies auch das Haar austrocknen und die Schuppenschicht schädigen, wenn sie zu oft verwendet werden.

Conditioner und einige sanfte Shampoos haben dagegen oft einen sauren pH-Wert, meist zwischen 4 und 6. Dies hilft dabei, die Cuticula nach dem Waschen wieder zu schließen und das Haar zu hydratisieren und zu glätten.

Liegt der pH-Wert deiner Haarpflegeprodukte außerhalb des leicht sauren Rahmens, kannst du dadurch deine Haare durch diese schädigen.

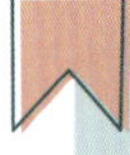

Merke dir

Ist die Schuppenschicht deiner Haare beim Waschen geöffnet, sind deine Haare sehr anfällig für Schäden. Daher solltest du sie zu diesem Zeitpunkt nur mit Bedacht kämmen.

Was passiert, wenn du Produkte verwendest, die den pH-Wert des Haares verändern?

Zu solchen Produkten gehören oft Blondierungen, Colorierungen oder auch viele Shampoos. In solchen Fällen wird dein Haar folgendermaßen angegriffen: Zunächst einmal hebt sich die Schuppenschicht vom Haar ab, was du bereits nach kurzer Zeit auch in Form von Frizz sehen kannst. Auch können dadurch Schuppen sowie fettige Haare hervorgerufen werden. Ist deine Kopfhaut besonders basisch, besteht sogar die Gefahr, dass sich Bakterien ansiedeln.

Lässt du den pH-Wert in seiner natürlichen Form bestehen, nutzt nur passende Produkte oder balancierst den pH-Wert mit geeigneten Produkten aus, kannst du mit vielen Vorteilen rechnen:

- Die Feuchtigkeit im Haar bleibt besser erhalten.
- Der Haarwuchs wird angeregt.
- Gesundes Haar und eine gesunde Kopfhaut schützen vor Krankheiten, die durch Bakterien oder Pilze hervorgerufen werden.

Mein Tipp

Damit deine Haare gesund bleiben, sollte der pH-Wert im für sie pflegenden, leicht sauren pH-Wert bleiben, der zwischen 4,5 - 5,5 optimal ist. Verwendest du ein basisches Produkt, ist dies kurzzeitig in Ordnung, solange du dies mit einem säurehaltigen Produkt wieder neutralisierst.

Es ist wichtig, ein Gleichgewicht zwischen diesen beiden Extremen zu finden. Die Verwendung eines zu alkalischen Shampoos ohne anschließende saure Spülung oder Pflege kann zu trockenem, stumpfem und brüchigem Haar führen. Umgekehrt kann die Verwendung eines zu sauren Produkts das Haar übermäßig weich und schlaff machen.

Eine gute Regel ist, den pH-Wert deiner Haarpflegeprodukte in der Nähe des natürlichen pH-Werts deiner Haare und deiner Kopfhaut zu halten, also im leicht sauren Bereich. Es gibt pH-optimierte Shampoos und Conditioner auf dem Markt, die dazu beitragen können, das natürliche pH-Gleichgewicht deiner Haare aufrechtzuerhalten. Auch eine gelegentliche Apfelessig-Spülung, die einen pH-Wert von etwa 3 hat, kann helfen, den pH-Wert deiner Haare auszugleichen und die Cuticula zu versiegeln, was zu glänzenderem und gesünderem Haar führt.

Letztendlich ist der Schlüssel zum Verständnis des pH-Werts in Haarpflegeprodukten das Wissen, dass es um Balance geht. Durch die Berücksichtigung des pH-Werts in deiner Haarpflegeroutine kannst du dazu beitragen, die Gesundheit und das Aussehen deines Haares zu verbessern und zu erhalten.

Luftfeuchtigkeit & Taupunkt

So gut wie jeder Mensch mit Locken kennt das Problem: das Wetter! Es kann der beste Waschtag überhaupt sein, sobald es regnet oder eine hohe Luftfeuchtigkeit herrscht, kann schnell alles hin sein und die Haare zeigen Frizz. Jedoch kann auch trockene Luft lockigen Haaren zusetzen. Wie genau findest du also heraus, was deine Haare nun brauchen?

Was ist der Taupunkt?

An manchen Morgen siehst du Tau an Grashalmen oder Nebel über Seen, Feldern oder auch mal auf Straßen. Genau dann ist die Temperatur auf den Taupunkt gesunken.

Neben der Temperatur wird nicht nur die Luftfeuchtigkeit, sondern auch der so genannte Taupunkt gemessen. Auch wenn die Luftfeuchtigkeit schon eine ganze Menge aussagt, kann der Wassergehalt in der Luft je nach Temperatur unterschiedlich sein. Warme Luft kann nämlich mehr Wasserdampf aufnehmen als kalte. Kühlt sich die Luft also ab, bildet der überschüssige Wasserdampf kleinste Tröpfchen, und die relative Luftfeuchtigkeit liegt bei 100 %.

Der Taupunkt zeigt also an, wie viel Wasser in der Luft absolut vorhanden ist. Ist die Luft warm, trägt sie bei gleicher Luftfeuchtigkeit wesentlich mehr Feuchtigkeit als bei kälterer Lufttemperatur. In der Grafik mit dem Wasserglas kannst du sehr gut erkennen, dass die Angabe der Luftfeuchtigkeit nicht aussagt, wie viel Feuchtigkeit wirklich in der Luft liegt. Und genau diesen absoluten Wert zeigt euch der Taupunkt an.

50 % Luftfeuchtigkeit
bei 5 °C

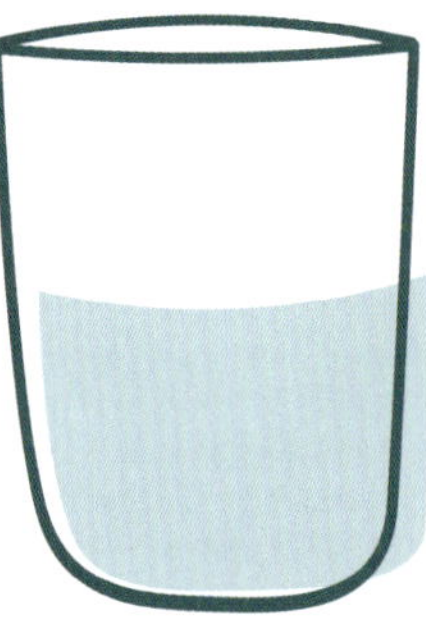

50 % Luftfeuchtigkeit
bei 30 °C

Abb. 25: Unterschiedlicher Wassergehalt bei gleicher Luftfeuchtigkeit

Was hat der Taupunkt mt deinen Locken zu tun?

In Haarpflegeprodukten gibt es als Inhaltsstoffe so genannte Moisturizer – Feuchthaltemittel, die deine Haare mit Feuchtigkeit versorgen. Normalerweise entziehen diese der Luft Wasser und befördern es in deine Haare. Ist die Luft allerdings trocken (der Taupunkt also niedrig), können eben diese Feuchthaltemittel das Wasser aus deinen Haaren ziehen und an die Luft abgeben. Daraus resultieren extrem trockene Haare.

Ist die Luft sehr feucht, also ist der Taupunkt sehr hoch, nehmen die Feuchthaltemittel Wasser aus der Luft auf und befördern es unentwegt in deine Haare. Dies kann einfach zu viel werden, so dass deine Haarstruktur aufquillt und letztendlich Frizz entstehen kann.

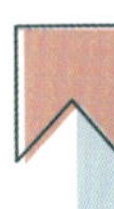

Merke dir

Die Luftfeuchtigkeit gibt die 'relative' Feuchte an, also welchen Wasserdampfgehalt die Luft enthält. Der Taupunkt zeigt dagegen die Temperatur an, bei der der Wasserdampfgehalt in der Luft am höchsten ist, also bei wieviel °C 100 % Luftfeuchtigkeit herrscht – er gibt somit die absolute Feuchte an.

Taupunkt	**< –1 °C**	**–1 °C – 4 °C**	**4 °C – 16 °C**	**> 16 °C**
So ist das Wetter	Sehr trockene Luft	Trockene Luft	Ausgeglichene Luft	Hohe Luftfeuchtigkeit, schwül
Jahreszeit	Winter	Trockene Übergangsmonate	Frühling und Herbst	Sommer
Vermeide diese Inhaltsstoffe	Feuchthaltemittel	Achte darauf, wie deine Haare auf die Inhaltsstoffe reagieren	Du musst nichts beachten	Feuchthaltemittel
Verwende diese Inhaltsstoffe	Filmbildende Inhaltsstoffe	Im Zweifelsfall eher filmbildende Inhaltsstoffe	Feuchthaltmittel und filmbildende Inhaltsstoffe gleichermaßen	Filmbildende Inhaltsstoffe
Mögliche Haarpflege	Leave-In Conditioner, leichtere Produkte, Haaröl	Übergangsphase: jedes Haar reagiert anders in dieser Phase	zusätzliche Haarkur – deine Haare benötigen Feuchtigkeit	kein Leave-In Conditioner nötig, deine Haare benötigen aber starken Halt – z. B. in Form von Gel

Abb. 26: Pflegetipps bei unterschiedlichem Taupunkt

Feuchthaltemittel

Feuchthaltemittel spielen eine wichtige Rolle in Haarpflegeprodukten. Sie sind dafür verantwortlich, die Feuchtigkeit im Haar zu bewahren und damit die Elastizität, Geschmeidigkeit des Haares zu verbessern. Sie ziehen Wasser aus der Umgebung und schließen es im Haar ein.

Vor allem Glycerin findest du in vielen Haarpflegeprodukten. Eigentlich ist der Inhaltsstoff gar nicht so verkehrt, schließlich macht es die Haare leichter kämmbar, verleiht etwas Volumen und macht es weich. Wenn der Taupunkt (siehe Seite 39) unter oder über einen bestimmten Wert steigt oder fällt, können einige Haare auf Glycerin jedoch anders reagieren.

Beobachte das doch auch einmal bei dir – ich kenne einige Lockenköpfe, bei denen Glycerin normalerweise der Schlüssel zur Bekämpfung von Frizz ist.

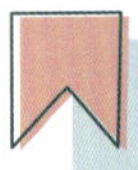

Merke dir

Das pauschale Verteufeln von Feuchthaltemitteln wie Glycerin ist unsinnig! Zum richtigen Zeitpunkt verwendet, kann der Inhaltsstoff deinen Locken sehr gut tun! Jeder Mensch reagiert jedoch anders auf unterschiedliche Inhaltsstoffe. Beobachte deine Haare deshalb immer gut.

Beispiele für Feuchthaltemittel

GLYCERIN

LACTIC ACID (Milchsäure)

MEL (Honig)

PROPYLENE GLYCOL

SODIUM LACTATE

SORBITOL

ALGAE EXTRACT

Filmbildende Feuchtigkeitsspender

Diese Inhaltsstoffe spenden deinen Locken Feuchtigkeit, sie legen sich aber zugleich wie ein ganz dünner Film um deine Haare. Der Film verhindert, dass Feuchtigkeit aus dem Haar entweicht, was insbesondere bei lockigen Haaren bei bestimmten Wetterverhältnissen von Vorteil ist. Sie eignen sich also auch, wenn der Taupunkt so niedrig oder so hoch ist, dass Produkte mit Glycerin und anderen Feuchthaltemitteln deinen Locken nicht unbedingt gut tun.

Sie können zudem als eine Art Barriere gegen Umwelteinflüsse wie Feinstaub oder UV-Strahlung dienen. Und zu guter Letzt haben diese Inhaltsstoffe nicht nur pflegende Eigenschaften, sondern können deinen Haaren auch für das Styling einen gewissen Halt geben.

Beispiele für filmbildende Feuchtigkeitsspender

ALOE BARBADENSIS LEAF (Aloe Vera)

LINUM USITATISSIMUM SEED EXTRACT (Leinsamen)

HYDROXYCELLULOSE

HYDROXYPROPYL XANTHAN GUM

HYDROLYZED JOJOBA SEED EXTRACT

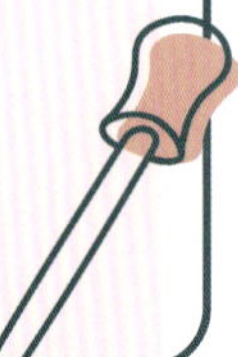

ANTHAEA OFFICINALIS ROOT (Eibischwurzel)

Auswirkung der Wasserhärte auf die Haare

Die Wasserhärte spielt eine wichtige Rolle bei der Haarpflege. Je nachdem, ob das Wasser hart oder weich ist, können sich die Haare unterschiedlich verhalten und möglicherweise auch Probleme auftreten.

In diesem Abschnitt werden wir uns genauer mit den Auswirkungen der Wasserhärte auf Locken befassen und herausfinden, wie du diese Auswirkungen minimieren kannst.

Was ist die Wasserhärte?

Die Wasserhärte wird durch den Gehalt an Mineralien wie Kalzium und Magnesium im Wasser bestimmt, welche man auch die Härtebildner des Wassers nennt. Hartes Wasser enthält eine hohe Konzentration dieser Mineralien, während weiches Wasser weniger davon enthält. Diese Mineralien im Wasser können sich auf die Haare auswirken und verschiedene Probleme verursachen.

In der unten stehenden Tabelle sind die verschiedenen Härtegrade von Wasser aufgeführt, zusammen mit den entsprechenden Werten in Grad deutscher Härte und Millimol pro Liter. So gilt Wasser mit einer Härte von weniger als 8,4 °dH (weniger als 1,5 mmol/l) als weiches Wasser. Wasser mit einer Härte von 8,5-14 °dH (1,5-2,5 mmol/l) wird als mittelhartes Wasser bezeichnet, wohingegen Wasser mit einer Härte über 14 °dH (über 2,5 mmol/l) gilt als hartes Wasser eingestuft wird (Wasserhärte in Deutschland, 2023).

Auswirkungen von hartem Wasser

Hartes Wasser enthält viele Mineralien, insbesondere Kalzium und Magnesium. Auch wenn diese Mineralien für den menschlichen Organismus sehr wichtig sind, können sie deiner Haarstruktur jedoch schaden, indem sie diese austrocknen und spröde machen. Und da Locken von Natur aus dazu neigen, trockener zu sein, sollten Lockenköpfe speziell auf ihre Haarpflege achten.

Hartes Wasser kann die Schuppenschicht der Haare aufrauen und Ablagerungen auf den Haarsträhnen hinterlassen. Dies führt dazu, dass Locken gestreckt, strohig und schlaff aussehen. Das Haar kann spröde, stumpf und trocken wirken und zu Frizz, Spliss und Haarbruch neigen. Darüber hinaus kann hartes Wasser auch die Kopfhaut reizen und das Haarwachstum beeinträchtigen.

Die Ablagerungen auf der Kopfhaut können die Poren verstopfen und zu Schuppenbildung führen. Durch hartes Wasser können auch die Farbpigmente bei gefärbten Haar schneller ausgewaschen werden. Dadurch, dass die in hartem Wasser enthaltenen Mineralien sich wie eine Art Film um den Haarschaft legen, kannst du zudem beim Styling Schwierigkeiten bekommen.

Härtegrad	Grad deutscher Härte (°dH)	Millimol pro Liter (mmol/l)
Weiches Wasser	< 8,4	< 1,5
Mittelhartes Wasser	8,5 - 14	1,5 - 2,5
Hartes Wasser	> 14	> 2,5

Abb. 27: Härtegrade von Wasser

LOCKENBUCH.DE/00018

SCANNE DEN QR CODE FÜR WEITERE TIPPS & PRODUKTEMPFEHLUNGEN

Was tun bei hartem Wasser?

Glücklicherweise gibt es verschiedene Lösungen, um die Auswirkungen von hartem Wasser auf Locken zu minimieren.

Chelating Shampoos nutzen
Es gibt spezielle Shampoos, die entwickelt wurden, um Mineralienablagerungen zu entfernen und die Haare zu reinigen. Sie werden auch Chelating Shampoos genannt. Mehr zu chelatbildenden Inhaltsstoffen findest du auf Seite 66.

Conditioner und Haarkuren verwenden
Verwende feuchtigkeitsspendende Conditioner und Haarkuren, um den Locken die benötigte Feuchtigkeit zurückzugeben.

Produktablagerungen mit Saure Rinse lösen
Eine Saure Rinse mit Apfelessig kann helfen, Produktansammlungen zu lösen und die Kopfhaut zu beruhigen, indem der pH-Wert wiederhergestellt wird. Spüle dafür die Haare nach der Haarwäsche mit der sauren Rinse aus. Das Rezept hierfür findest du auf Seite 147.

Wasser filtern
Die Installation eines Wasserfilters kann helfen, Mineralienkonzentrationen im Wasser zu reduzieren.

Destilliertes Wasser nutzen
Verwende bei sehr hartem Wasser destilliertes Wasser zum Spülen der Haare, um den Kontakt mit Mineralien im Wasser zu vermeiden.

Mineralwasser für die Haarwäsche
Einige Menschen verwenden kohlensäurehaltiges Mineralwasser, das weniger Mineralien enthält, um ihre Haare zu waschen.

Vermeide austrocknende Inhaltsstoffe
Da hartes Wasser deine Locken bereits austrocknet, solltest du darauf achten, dass deine Haarpflege nicht noch zusätzliche austrocknende Inhaltsstoffe enthält. Informiere dich auf Seite 49ff, welche Inhaltsstoffe austrocknend sind.

Auswirkungen von weichem Wasser

Auch wenn hartes Wasser dafür bekannt ist, dem Haar schaden zu können, kann auch weiches Haar deine Locken ungünstig beeinflussen.

Weiches Wasser enthält weniger Mineralien und ist tendenziell saurer – es wirkt sich also anders auf Haut und Haare aus. Das weiche Wasser kann dazu führen, dass deine Haare weicher und glänzender werden. Allerdings kann es Rückstände von Shampoo, Conditioner und anderen Produkten schwerer ausspülen, was schneller zu Build-up führen kann. Zudem können deine Locken an Volumen verlieren.

Was tun bei weichem Wasser?

Wenn du weiches Wasser hast, kannst du einige Maßnahmen ergreifen, um deine Locken optimal zu pflegen.

Tägliche Pflege reduzieren
Weiches Wasser kann dazu führen, dass die Haare weniger Feuchtigkeit benötigen. Reduziere daher die Häufigkeit der Pflegeprodukte, um ein Überpflegen zu vermeiden. Wasche deine Locken nicht jeden Tag, sondern gönn' ihnen auch Pausen.

Gründlich ausspülen
Spüle deine Locken gründlich aus, um Rückstände von Shampoo, Conditioner und anderen Produkten zu entfernen. Achte darauf, dass keine Produktansammlungen zurückbleiben, da sie zu Build-up führen können.

Weniger Shampoo verwenden
Da weiches Wasser gut schäumt, benötigst du nur eine kleine Menge Shampoo. Verwende eine sanfte, sulfatfreie Formel, um deine Locken nicht auszutrocknen.

Proteine in die Haarpflege integrieren
Damit deine Lockenstruktur und ihre Brückenverbindungen (siehe Seite 11) gestärkt werden, solltest du gelegentlich eine Proteinbehandlung in deine Haarpflege-Routine einbauen.

Wasserhärte unterwegs

Wenn du in eine Region mit einer anderen Wasserhärte reist, solltest du dich im Voraus über die Wasserhärte informieren und deine Haarpflegeprodukte entsprechend anpassen. Hierbei sind milde und natürliche Produkte ohne aggressive Inhaltsstoffe empfehlenswert.

LOCKENBUCH.DE/00019

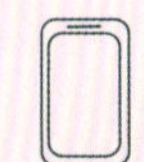

SCANNE DEN QR CODE FÜR WEITERE TIPPS & PRODUKTEMPFEHLUNGEN

04 Inhaltsstoffe

Inhaltsstoffe sind ein wichtiger Aspekt bei deiner Haarpflege, da sie direkt auf die Gesundheit und das Aussehen deiner Haare einwirken können. Daher solltest du verstehen, welche Inhaltsstoffe in deinen Haarpflegeprodukten enthalten sind und wie sie wirken.

Auf Pflege- und Stylingprodukten stehen häufig Slogans wie ‚spendet Feuchtigkeit', ‚spürbare Geschmeidigkeit und Glanz' oder ‚Anti Frizz'. Doch Hand aufs Herz, weißt du wirklich, was in den Produkten enthalten ist? Können sie wirklich das halten, was sie versprechen?

Damit du dich künftig nicht auf Werbung und ihre teilweise irreführenden Aussagen verlassen musst, ist es von Vorteil, dich etwas mit den Inhaltsstoffen deiner Pflegeprodukte vertraut zu machen. Ich meine damit nicht, dass du ein Chemie-Studium absolvieren musst. Um dich zurechtzufinden, reicht schon ein Überblick über die wichtigsten Inhaltsstoffe und die Einschätzung, ob sie für deine Haare geeignet sind.

DON'T: Vertraue nicht dem Werbeversprechen
Du hast teure Haarpflegeprodukte im Schrank und wunderst dich, weshalb deine Locken immer noch so trocken und spröde sind? Das kann daran liegen, dass du einem Werbeversprechen gefolgt bist. Als Beispiel: Auf vielen Produkten steht ‚feuchtigkeitsspendend'. Dies mag zwar für einen bestimmten Inhaltsstoff gelten, wenn jedoch andere, austrocknende Inhaltsstoffe wie wasserunlösliche Silikone enthalten sind, kann dies mittelfristig schädlich für deine Haare sein.

DO: Setze dich mit den Inhaltsstoffen auseinander
Je mehr du über gute und schlechte Inhaltsstoffe weißt, desto besser kannst du einschätzen, welche Inhaltsstoffe deinen Haaren guttun und welche besser nicht in deinen Haarpflegeprodukten enthalten sein sollten. Die Arbeit lohnt sich – für schöne Locken.

LOCKENBUCH.DE/00020

SCANNE DEN QR CODE FÜR WEITERE TIPPS & PRODUKTEMPFEHLUNGEN

Verpackung von Haarpflegeprodukten

Die Verpackung von Haarpflegeprodukten ist ein entscheidendes Element für Hersteller und Verbraucher. Dabei gelten bestimmte Richtlinien (EU-KosmetikV), die eingehalten werden müssen.

Vorderseite

Auf der Vorderseite der Verpackung steht:

der **Verwendungszweck** (z. B. Curl Conditioner)

die **Marke** (z. B. Loving Curls)

und die **Füllmenge** (z. B. 200 ml)

Abb. 28: Vorderseite eines Haarpflegeprodukts

Rückseite

Die Rückseite der Haarpflegeprodukte zeigt im Detail die folgenden Dinge auf:

Die **Chargennummer** zeigt genau an, wann ein Produkt produziert und verpackt wurde.

Inhaltsstoffe: Die Angabe der Inhaltsstoffe erfolgt gemäß der internationalen Nomanklatur für kosmetische Inhaltsstoffe (INCI-System, Seite 47). Wenn sie mehr als 1% des Produkts ausmachen, müssen sie nach absteigendem Gewichtsanteil geordnet werden.

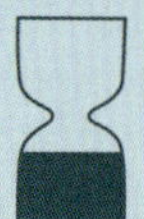

Mindesthaltbarkeitsdatum: Kosmetika mit einer Haltbarkeit von weniger als 30 Monaten müssen mit einem Mindesthaltbarkeitsdatum versehen werden. Vor dem Datum muss das Sanduhrsymbol oder ‚Mindestens haltbar bis' stehen.

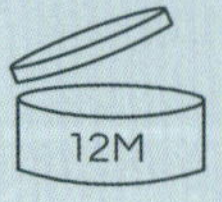

Bei Produkten, die länger als 30 Monate halten, gibt das Symbol eines geöffneten Tiegels den empfohlenen Nutzungszeitraum an.

Die Angabe erfolgt in Monaten. Steht hier z. B. ‚12 M', kann das Produkt 12 Monate nach Anbruch ohne Probleme verwendet werden. Gegebenenfalls steht auch eine Vorsichtsmaßnahme für den Gebrauch auf der Verpackung.

Abb. 29: Rückseite eines Haarpflegeprodukts

International Nomenclature Cosmetic Ingredients

INCI ist die Abkürzung für ‚International Nomenclature of Cosmetic Ingredients', die ‚Internationale Nomenklatur für kosmetische Inhaltsstoffe'. Dies ist eine standardisierte Liste von Inhaltsstoffen, die auf den Etiketten von Kosmetikprodukten angegeben werden müssen. Auch in Haarpflege-Produkten müssen die verwendeten Inhaltsstoffe nach der europäischen Kosmetikverordnung deklariert werden. Sie helfen Verbrauchern, die enthaltenen Stoffe zu verstehen und können diese miteinander vergleichen. Oftmals findest du die INCIs auch als INGREDIENTS auf der Verpackung.

Die Inhaltsstoffe in Haarpflegeprodukten werden in absteigender Reihenfolge aufgeführt, beginnend mit dem Inhaltsstoff, der den größten Anteil des Produkts ausmacht. Die ersten paar Inhaltsstoffe machen zusammen oft 80-90 % des Produkts aus, daher solltest du diese besonders beachten.

In der INCI-Liste europäischer Produkte folgt meist direkt nach der Bezeichnung ‚Aqua' (Wasser) die Aufzählung der Hautbefeuchtungsmittel wie Glycerin sowie Öle, die oft auch auf der Vorderseite der Verpackung hervorgehoben werden.

Die Reihenfolge der Inhaltsstoffe ist dabei von großer Bedeutung. Der Hauptwirkstoff sollte idealerweise an der 3. bis 6. Stelle aufgeführt sein. Wenn er erst an 10. Stelle oder später erscheint, ist es fraglich, ob das Produkt tatsächlich die versprochene Wirkung zeigt.

Von den letztgenannten Inhaltsstoffen ist am wenigsten im Produkt zu finden. Diejenigen Inhaltsstoffe, die weniger als 1 % im Produkt enthalten sind, müssen nicht in dieser Reihenfolge angezeigt werden.

Merke dir

Das Verständnis des INCI-Namenssystems gibt keinen Aufschluss über die Qualität der Inhaltsstoffe. Aber es hilft, eine fundierte Entscheidung zu treffen und Produkte mit bedenklichen Inhaltsstoffen zu meiden.

Gut zu wissen

Vielleicht ist dir schon einmal aufgefallen, dass sich die INCI Bezeichnungen von Produkten aus den USA teilweise von denen aus der EU unterscheiden? Das liegt daran, dass die europäische INCI-Nomenklatur für Pflanzen anders als das US-System auf dem Linné-System basiert. Das erkennst du daran, dass neben englischen Wörtern, mit denen der Pflanzenteil und die Verarbeitungsmethode beschrieben wird, der Pflanzenname selbst in lateinisch aufgeführt wird.

In den USA werden dagegen die botanischen Inhaltsstoffe mit dem gebräuchlichen englischen Namen aufgeführt.

Abb. 30: Inhaltsstoffe eines Haarpflegeprodukts

LOCKENBUCH.DE/00021

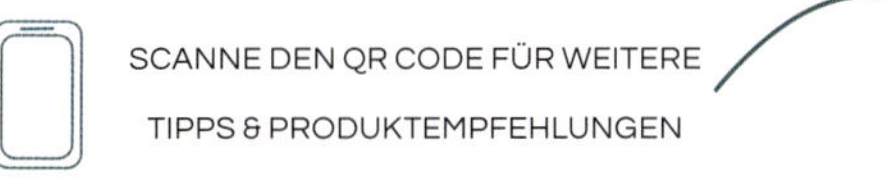

SCANNE DEN QR CODE FÜR WEITERE TIPPS & PRODUKTEMPFEHLUNGEN

Inhaltsstoffgruppen

Um dir die Angst vor Inhaltsstoffen zu nehmen, zeige ich dir hier zunächst, welche Inhaltsstoffgruppen in Haarpflegeprodukten zum Einsatz kommen und welche Funktion sie ausüben.

Emulgatoren

Emulgatoren werden eingesetzt, damit sich Stoffe, die sich eigentlich nicht miteinander vermischen lassen, miteinander vermengen (also emulgieren). Du kannst dir Öl und Wasser vorstellen, die sich normalerweise nicht auf Dauer miteinander vermengen, sondern sich in Schichten absetzen. In Haarpflegeprodukten werden als Emulgatoren zum Beispiel Alkohole eingesetzt.

Filmbildner

Filmbildner tun genau das, was ihr Name bereits sagt: Sie bilden Filme. Werden sie in Haarpflegeprodukten eingesetzt, ummanteln sie das Haar und machen es so zum Beispiel besser kämmbar.

Verdickungsmittel

Verdickungsmittel werden überwiegend eingesetzt, damit ein Produkt weniger flüssig ist und eine festere bzw. cremigere Konsistenz bekommt. Hierzu zählen zum Beispiel natürliche Gelbildner (Agar Agar), anorganische, halbsynthetische und synthetische Gelbildner. Oftmals werden jedoch auch lineare oder verzweigte Makromoleküle wie Proteine eingesetzt.

Wachse

Wachse sorgen als Inhaltsstoffe dafür, dass die Pflegeprodukte fester werden. Je mehr davon enthalten ist, desto fester wird das Produkt. Es können Wachse natürlichen Ursprungs (z. B. Jojobawachs) und auch Wachse synthetischen Ursprungs eingesetzt werden. Du erkennst Wachse am Namensteil ‚Cera'.

Konservierungsmittel

Konservierungsmittel werden eingesetzt, um das Wachstum von Bakterien und anderen Mikroorganismen wie Schimmel zu verhindern und dadurch die Haltbarkeit des Produktes zu erhöhen.

Lösungsmittel

Lösungsmittel arbeiten genau gegenteilig wie Verdickungsmittel. Sie werden eingesetzt, um Inhaltsstoffe zu verdünnen. Überwiegend werden Wasser und bestimmte Alkohole hierfür eingesetzt.

Öle

Öle sind flüssige Fettstoffe, die die Austrocknung von Haut und Haaren verhindern. Hier gibt es Öle natürlichen Ursprungs (Pflanzenöle, ätherische Öle), Öle tierischer Herkunft (Fette), Mineralöle und Silikonöle.

Ätherische Öle

Ätherische Öle werden insbesondere für die Parfümierung von Haarpflegeprodukten eingesetzt.

Parfum bzw. Duftstoffe

Auch Parfum und Duftstoffe werden in Haarpflegeprodukten eingesetzt, um den Eigengeruch des Produkts zu verändern und angenehmer zu gestalten.

Die Herstellung von Haarpflege- oder Stylingprodukten ist sehr komplex und ich möchte überhaupt nicht abstreiten, dass die hier gezeigten Produktgruppen ihre Berechtigung zur Anwendung haben. Doch was sagen dir diese Gruppen jetzt über deine Haarpflege? - NOCH NICHT VIEL! Denn eines ist klar: Es gibt kein Patentrezept für Locken und so sind einige Inhaltsstoffe für Locken weniger geeignet, können aber für glatte Haare sehr gut wirken. Doch welche INCIs dies sind, wirst du auf der Verpackung nur sehr selten finden.

Schädigende Inhaltsstoffe

Damit du deinen lockigen Haaren ab jetzt gerecht wirst und anfangen kannst, die richtige Haarpflege zu verwenden, zeige ich dir ganz konkret, welche Inhaltsstoffe in der Haarpflege für Locken schädlich sind.

Aggressive Tenside bzw. Sulfate

Tenside sind waschaktive Substanzen, die in vielen Kosmetikprodukten eingesetzt werden, um Öle und Fette zu lösen. Tenside werden in die folgenden Gruppen eingeteilt:

- Anionische Tenside: Sie haben eine negative Ladung und haben die höchste Waschkraft. Du erkennst sie zum Teil als INCI an der Endung ‚-sulfat'.
- Kationische Tenside: Sie sind positiv geladen und reinigen nicht so stark wie die anionischen Tenside.
- Nichtionische Tenside: Sie sind nicht geladen.
- Amphotere Tenside: Sie werden in der Haarpflege als Co-Tenside verwendet, da sie sowohl positiv als auch negativ geladen sein können.

Sulfate gehören zur Gruppe der anionischen Tenside und sind sehr stark und aggressiv. Sie sind Salze, die für das Schäumen z. B. in Shampoos verantwortlich und in der Herstellung günstig sind, sofern sie synthetisch hergestellt werden.

Sulfate sind Salze, die für das Schäumen z. B. in Shampoos verantwortlich sind. Sie gehören zu der Gruppe der anionischen Tenside und werden in vielen Kosmetikprodukten eingesetzt, um Öle und Fette zu lösen - und sie sind in der Herstellung sehr günstig. Sulfate bringen Shampoos zum Schäumen, trocknen deine Locken und auch die Kopfhaut jedoch immens aus. Sulfathaltige Haarpflege kann sensible Haut leicht reizen. Auch Schuppen können sich bilden. Du bist gut beraten, wenn du Sulfate vermeidest.

Aggressive Tenside

- AMMONIUM C12-C15 ALKYL SULFATE
- AMMONIUM COCO SULFATE
- AMMONIUM DODECYLBENZENESULFONATE
- AMMONIUM LAURETH SULFATE
- AMMONIUM LAURYL SULFATE (ALS)
- AMMONIUM MYRETH SULFATE
- AMMONIUM XYLENESULFONATE
- COCAMIDOPROPYL BETAINE
- DIHEXYL SODIUM SULFOSUCCINATE
- DISODIUM LAURETH SULFOSUCCINATE
- ETHYL PEG-15 COCAMINE SULFATE
- SODIUM C14-18 OLEFIN SULFONATE
- SODIUM COCO-SULFATE (SCS)
- SODIUM COCOYL SARCOSINATE
- SODIUM DODECYLBENZENESULFONATE
- SODIUM LAURYL SULFATE
- SODIUM LAURYL SULFOACETATE (SLSA)
- SODIUM LAURETH SULFATE
- SODIUM MYRETH SULFATE (SMES)
- TEA-LAURYL SULFATE
- TEA-LAURETH SULFATE
- TEA-DODECYLBENZENESULFONATE

Alternativen zu diesen Inhaltsstoffen sind milde Tenside, die ich dir auf Seite 57 zeige.

LOCKENBUCH.DE/00022

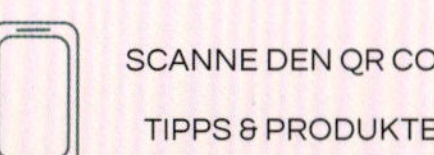
SCANNE DEN QR CODE FÜR WEITERE TIPPS & PRODUKTEMPFEHLUNGEN

Bedenkliche Konservierungsstoffe

In Haarpflegeprodukten werden Konservierungsstoffe eingesetzt, um das Wachstum von Mikroorganismen wie Pilze und Schimmel im Produkt zu verhindern.

Parabene sind eine Gruppe von Konservierungsstoffen, die in vielen Kosmetika verwendet werden. Sie werden in Kosmetika als hormonell wirksam eingestuft, da sie im Körper wie natürliche Hormone (östrogenähnlich) wirken. Sie stehen unter Verdacht, ein höheres Risiko für eine frühzeitige Pubertät sowie Brust-, Prostata- oder Hodenkrebs mit sich zu bringen. Auch Föten im Mutterleib können durch Parabene geschädigt werden. Das klingt nach einem Grund, diese aus deinen Haarpflegeprodukten zu verbannen, oder?

Parabene und hormonähnliche Stoffe

- 4-METHYLBEZYLIDENE CAMPHOR
- 3-BEZYLIDENE CAMPHOR
- BENZOPHENONE-1
- BENZOPHENONE-2
- BUTHYLHYDROXYANISOL (BHA)
- BORIC ACID
- BUTYLPARABEN
- DIETHYL PHTHALATE
- DIHYDROXYBIPHENYL
- ETHYLPARABEN
- ETHYLHEXYL METHOXYCINNAMATE
- HYDROXYCINNAMIC ACID
- HYDROXYBENZOESÄURE
- HYDROXYBENZOAT
- METHYLPARABEN
- PROPYLPARABEN

Nur, weil ein Produkt frei von Parabenen ist, bedeutet es jedoch nicht, dass nicht trotzdem bedenkliche Konservierungsstoffe enthalten sein können – vor allem für Kontaktallergiker.

Bedenkliche Konservierungsstoffe

- CHLORPHENESIN
- DIAZOLINYL UREA
- IODOPROPYNYL BUTYLCARBAMATE
- METHYLCHLOROISOTHIAZOLINON (MIT)
- METHYLCHLOROISOTHIAZOLINON (MCI)
- METHYLDIBROMOGLUTARONITRIL (MDBGN)
- METHYLISOTHIAZOLINON (MI)
- TRICLOSAN
- THENOXYETHANOL

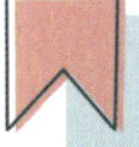

Merke dir

Je hochwertiger ein Produkt hergestellt und verpackt wurde, desto weniger anfällig ist es für den Befall von Mikroorganismen. Es reichen dann meist sanfte Konservierungsstoffe wie hochwertige Öle oder ‚gute' Alkohole aus. Diese zeige ich dir auf Seite 56.

Synthetische Polymere

Während natürliche Polymere in der Natur überall – zum Beispiel auch in Haaren – vorkommen, sind synthetische Polymere als Inhaltsstoffe in Haarpflegeprodukten für Locken sehr umstritten. Die so genannten synthetischen Polymere sind nichts anderes als durch Polyreaktionen in der Industrie hergestellte Stoffe, also langkettige Moleküle, die aus kleineren sich wiederholenden Einheiten (Monomere) aufgebaut sind. Sie schaden genau genommen deinen Locken nicht, aber es handelt sich hierbei um Kunststoffe. Diese Polymere sind grundsätzlich schädlich, da sie Schadstoffe, wie Schwermetalle, Dioxin und DDT aus der Umwelt binden können, und später freisetzen. Sie enthalten ebenso Weichmacher, welche als potenziell gefährlich und krebserregend eingestuft werden.

Synthetische Polymere

- ACRYLATES COPOLYMER (AC)
- ACRYLATES CROSSPOLYMER (ACS)
- BUTYLENE / ETHYLENE COPOLYMER
- NYLON-12
- NYLON-6
- POLYACRYLATE (PA)
- POLYMATHYL METHACRYLATE (PMMA)
- POLYETHYLENGLYCOL (PEG)
- POLYETHYLENE (PE)
- POLYETHYLENE TEREPHTHALATE (PET)
- POLYPROPYLENE (PP)
- POLYSTYRENE (PS)
- POLYURETHANE (PUR)
- POLYQUATERNIUM
- VP/VA COPOLYMER

Austrocknende Alkohole

Alkohole zählen zur Gruppe der Emulgatoren. Hier gibt es unterschiedliche Alkohole. Insbesondere die die Locken austrocknenden Alkohole sind günstig in der Herstellung und werden daher oft eingesetzt. Diese Inhaltsstoffe sorgen auch dafür, dass deine Haare über kurz oder lang austrocknen.

Übrigens werden sie auch in der Naturkosmetik eingesetzt, weshalb du wirklich immer die INCIs deiner Produkte überprüfen solltest.

Austrocknende Alkohole

Merke: Sie tragen ‚propyl', ‚prop', ‚eth' oder ‚denaturiert' im Namen.

- ALCOHOL
- ALCOHOL DENAT. (vergällter Alkohol)
- ALCOHOL DENAT. SD ALCOHOL 40
- ISOPROPYL ALCOHOL
- PROPYL ALCOHOL

Tipp: Benzyl Alcohol wirkt zwar nicht austrocknend, kann jedoch Hautreizungen verursachen.

Doch nicht alle Alkohole sind schlecht, auf Seite 56 findest du die so genannten Fett- und Zucker-Alkohole, die deinen Locken nicht schaden.

Merke dir

Synthetische Polymere, die kleiner als fünf Millimeter groß sind, werden als Mikroplastik bezeichnet. Sie sind schwer abbaubar und schaden damit der Natur und Umwelt. Seit Oktober 2023 sind sie in abwaschbaren Körperpflegemitteln verboten (Verordnung (EU) Nr. 1907/2006).

LOCKENBUCH.DE/00023

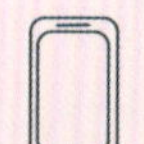

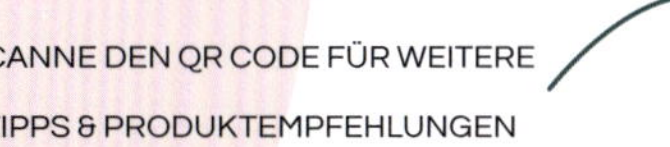

„Locken sind mehr als nur
eine Frisur.
Sie sind ein Ausdruck
deiner Persönlichkeit und
Individualität!“

Laura Schulze

Wasserunlösliche Silikone

Silikone sind Kunststoffe mit einem Rückgrat aus Silicium- und Sauerstoffatomen. Sie werden eingesetzt, um deine Haare leichter kämmbar zu machen. Silikone ummanteln jedes einzelne Haar und sorgen dafür, dass sie direkt nach der Anwendung glänzen und sich weich anfühlen.

Was deine Locken kurzfristig seidig weich erscheinen lässt, ist jedoch sehr schädlich. Denn wasserunlösliche Silikone lassen weder Luft noch Wasser an deine Locken. Deine Haare bekommen keine Luft und vertrocknen von innen. Gleiches gilt für die Kopfhaut: Bei längerer Verwendung können sich über einen längeren Zeitraum Schuppen bilden. Und nicht zuletzt sind Silikone schädlich für die Umwelt, denn sie können nicht biologisch abgebaut werden.

Wasserunlösliche Silikone

Merke: Sie enden meist auf ‚-cone', ‚-conol', ‚-xane' oder ‚-silane'.

- AMODIMETHICONE (bedingt wasserlöslich)
- BEHENOXY DIMETHICONE (bedingt wasserlöslich)
- BIS-AMINOPROPYL DIMETHICONE
- CETYL DIMETHICONE
- CYCLOPENTASILAXANE
- DIMETHICONE
- DIMETHICONOL
- PHENYL TRIMETHICONE
- STEARYL DIMETHICONE
- TRIMETHYLSILYLAMODIMETHICONE

In den INCI (siehe Seite 47) findest du bei einigen Silikonen auch die Abkürzung ‚PEG' meist mit einer Zahl dahinter. Sie steht für Polyethylenglykol, welches für verschiedene Zwecke eingesetzt werden kann.

Es kann als Feuchthaltemittel, Binde- oder auch Lösungsmittel eingesetzt werden. Die folgenden Vertreter werden als Lösungsmittel eingesetzt, welche Silikone zum Teil wasserlöslich machen:
PEG-4 bis PEG-32, PEG-75, PEG-90, PEG-135, PEG-150, PEG-200, PEG-350.

Synthetische Öle

Auch in Haarpflegeprodukten werden synthetische Öle verwendet, die sehr viel günstiger in der Herstellung als hochwertige natürliche Öle sind.

Diese Öle beschweren zwar deine Haare und haben so zunächst wirklich eine Anti-Frizz-Wirkung, sie ummanteln deine Haare jedoch auch und sind nur schwer auswaschbar. Synthetische Öle trocknen deine Haare also mittelfristig aus, zudem können leicht Produktablagerungen im Haar (Build-Up, Seite 67) entstehen.

Synthetische Öle

- PARAFFIN
- PARAFFINUM LIQUIDUM (Paraffinöl)
- PETROLATUM (Vaseline)

Auslöser von Kontaktallergien

Vielen Produkten werden Parfum bzw. Duftstoffe zugesetzt. Leider gibt es jedoch auch einige Inhaltsstoffe, die bei einigen Menschen Allergien auslösen können. Kontaktallergien äußern sich durch Juckreiz und Hautausschlag wie Rötungen und Blasenbildung.

Diese folgenden Duftstoffe müssen in der Inhaltsstoff-Liste aufgeführt werden, wenn ihre Konzentration in Produkten, die wieder abgeschwaschen werden, mehr als 0,01 % beträgt. Das können Shampoos, Conditioner oder aber auch Duschgel oder Seifen sein. In Produkten, die in den Haaren verbleiben, müssen sie gekennzeichnet werden, wenn sie zu mehr als 0,001 % vorkommen.

Hast du eine sensible Haut oder neigt deine Kopfhaut schnell zu Juckreiz, solltest du einmal überprüfen, ob einer der kennzeichnungspflichtigen Duftstoffe in deiner Haarpflege enthalten ist.

Merke dir

Duftstoffe können Auslöser von Kontaktallergien sein, ganz gleich, ob sie synthetisch hergestellt wurden oder ob sie natürlichen Ursprungs sind (z. B. ätherische Öle).

Kennzeichnungspflichtige Duftstoffe

- ALPHA-ISOMETHYL IONONE
- AMYL CINNAMAL
- AMYLCINNAMYL ALCOHOL
- ANISE ALCOHOL
- BENZYL ALCOHOL
- BENZYL BENZOATE
- BENZYL CINNAMATE
- BENZYL SALICYLATE
- BUTYLPHENYL METHYLPROPIONAL
- CINNAMAL
- CINNAMYL ALCOHOL
- CITRAL
- CITRONELLOL
- COUMARIN
- EUGENOL
- EVERNIA FURFURACEA EXTRACT
- EVERNIA PRUNASTRI EXTRACT
- FARNESOL
- GERANIOL
- HEXYL CINNAMAL
- HYDROXYCITRONELLAL
- HYDROXYSOHEXYL 3-CYCLOHEXENE CARBOXALDEHYDE
- SOEUGENOL
- LIMONENE
- LINALOOL
- METHYL 2-OCTYNOATE

Geeignete Inhaltsstoffe in Haarpflege für Locken

Ich habe jedoch auch eine gute Nachricht für Lockenköpfe! Es gibt Hoffnung, denn auch wenn es einige weniger geeignete Inhaltsstoffe gibt, die wir tunlichst vermeiden sollten, so gibt es doch auch viele Inhaltsstoffe in der Haarpflege, die unseren Locken gut tun. Welche dies sind, erfährst du hier:

Fett- und Zucker-Alkohole: ‚Die Guten'

Es gibt die so genannten Fett- und Zucker-Alkohole, die deinen Haaren Feuchtigkeit spenden und die du daher verwenden kannst.

Die ‚guten' Alkohole

+ ARACHIDYL ALCOHOL
+ C14-22 ALCOHOL
+ CETYL ALCOHOL
+ CETEARYL ALCOHOL
+ LAURYL ALCOHOL
+ LANOLIN ALCOHOL
+ MYRISTYL ALCOHOL
+ OLEYL ALCOHOL
+ STEARYL ALCOHOL
+ PALMITOLEYL ALCOHOL
+ PROPYLENE GLYCOL
+ BUTYLENE GLYCOL
+ BEHENYL ALCOHOL

Feuchtigkeitsspendende Inhaltsstoffe

Diese Inhaltsstoffe versorgen deine Haare mit Feuchtigkeit, indem sie in deine Haare eindringen, ihnen Feuchtigkeit zuführen und zugleich einen Schutzfilm um dein Haar legen, um die Feuchtigkeit dort zu halten. Sie sind gut für deine Locken, weil du sie leicht auswaschen kannst.

Feuchtigkeitsspendende Inhaltsstoffe

+ ALGAE (Meeresalge)
+ ALOE BARBADENSIS (Aloe Vera)
+ COLLAGEN (Kollagen)
+ LINUM USITATISSIMUM (Leinsamen)
+ CYAMOPSIS TETRAGONOLOBA GUM (Guar Gum)
+ JASMINUM OFFICINALE EXTRACT
+ MEL (Honig)
+ PRUNUS PERSICA JUICE (Pfirsichsaft)
+ ULMUS FULVA BARK EXTRACT (Ulme)
+ XANTHAN GUM

‚Milde' Tenside

Im Gegensatz zu den aggressiven Tensiden (Seite 49), reinigen die milden Alternativen deine Haare schonender. Shampoos, in denen diese milden Reinigungskomponenten eingesetzt werden, werden auch als ‚Mildes Shampoo' bezeichnet. Da diese Inhaltsstoffe eine reinigende Wirkung haben, allerdings nicht so stark sind, solltest du dein Produkt sehr gut in deine Haare einmassieren, bei Bedarf auch gerne ein zweites Mal waschen.

Milde Tenside bestehen aus Kokosfettsäuren oder Zucker. Du erkennst sie an den Namen Glucoside (z. B. Lauryl Glucosid). Cocamidopropyl Betaine (CAPB) zählt zwar zu den milderen Tensiden, es kann aber Hautirritationen hervorrufen.

‚Milde' Tenside

Merke: Du erkennst sie am Namen ‚Glucoside' und ‚Betaine'

+ AMMONIUM COCOYL ISETHIONATE00
+ BABASSUMIDOPROPYL BETAINE
+ CAPRYL GLUCOSIDE
+ CAPRYLYL GLUCOSIDE
+ COCAMIDOPROPYL BETAINE
+ COCAMIDOPROPYL HYDROXYSULTAINE
+ COCO BETAINE
+ COCO GLUCOSIDE
+ DECYL GLUCOSIDE
+ DECYL POLYGLUCOSIDE
+ DISODIUM 2-SULFOLAURATE
+ DISODIUM COCOAMPHODIACETATE
+ DISODIUM LAURETH SUCCINATE
+ DISODIUM LAURETH SULFOSUCCINATE
+ LAURYL GLUCOSIDE
+ LAURYL HYDROXYSULTAINE
+ SODIUM COCOAMPHOACETATE
+ SODIUM COCYL ISETHOIONTE (SCI)
+ SUCROSE COCOATE (SC)
+ SODIUM COCOYL GLUTAMATE
+ SODIUM LAUROAMPHOACETATE
+ SODIUM COCOYL GLUTAMATE
+ SODIUM METHYL COCOYL TAURATE

Proteine

Proteine bilden auf deinen Haaren eine Schutzschicht und glätten die Schuppenschicht. Sie reparieren hoch poröse Haare und helfen, dass sich die Schuppenschicht anlegt.

Proteine

- AMINO ACIDS (Aminosäuren)
- COLLAGEN
- ELASTIN
- KERATIN
- MILK PROTEIN (Milcheiweiß)
- HYDROLYZED OAT PROTEIN (Haferproteinhydrolysat)
- HYDROLYZED SILK PROTEIN (Seidenprotein)
- RICE PROTEIN (Reisprotein)
- SOY PROTEIN (Sojaprotein)
- WHEAT PROTEIN (Weizen)

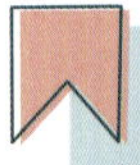

Merke dir

Je kleiner Proteine sind, desto tiefer dringen sie in dein Haar ein. Du erkennst sie am Zusatz ‚hydrolyzed' vor der Bezeichnung (z. B. Hydrolized Silk Protein). Noch kleiner sind Aminosäuren (Amino Acids), die Grundbausteine von Proteinen.

Natürliche haltgebende Inhaltsstoffe

Haltgebende Inhaltsstoffe (Polymere) sind in Stylingprodukten wichtig, um die Bündelung und Struktur der Locken zu festigen. Hierbei kannst du insbesondere auf die natürlichen Polymere setzen, zu denen die folgenden zählen.

Natürlich haltgebende Inhaltsstoffe

- STARCH (Stärke)
- GUAR GUM (Guarkernmehl)
- PROTEIN (Proteine)
- SUCROSE (Zucker)

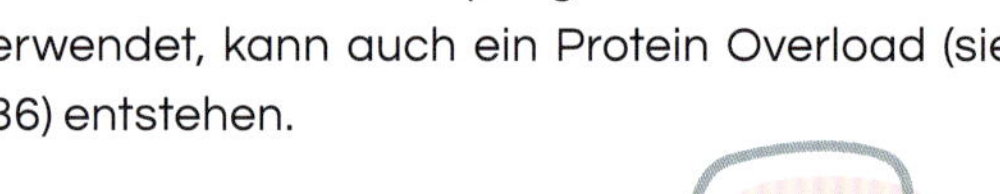

Doch Vorsicht

Nicht jeder Lockenkopf verträgt die gleiche Menge an Proteinen in der Haarpflege. Hast du zu viel Proteine verwendet, kann auch ein Protein Overload (siehe Seite 136) entstehen.

Tipps zur Wahl der passenden Inhaltsstoffe

Das oberste Ziel deiner Haarpflege-Routine ist es, deine Haare mit der nötigen Pflege zu versorgen, so dass sie gesund wachsen können. Für die richtige Pflege- und Styling-Routine ist insbesondere die Wahl der Produkte mit den richtigen Inhaltsstoffen wichtig.

Feuchtigkeit und Proteine

Lockiges Haar stellt besondere Herausforderungen an die Pflege und benötigt daher spezielle Aufmerksamkeit. Zwei Hauptfaktoren spielen hier eine wesentliche Rolle: Feuchtigkeit und Protein. Beide tragen dazu bei, dein Haar gesund, stark und elastisch zu halten. Es ist aber wichtig, das richtige Gleichgewicht zu finden. Lass uns diese zwei Faktoren genauer betrachten:

Feuchtigkeit ist essentiell für lockiges Haar, da es von Natur aus dazu neigt, trockener zu sein als glattes Haar. Dies liegt daran, dass die natürlichen Öle, die die Kopfhaut produziert, Schwierigkeiten haben, entlang der lockigen Haarstruktur bis zu den Haarspitzen zu gelangen. Ohne ausreichende Feuchtigkeit kann lockiges Haar spröde und brüchig werden und an Elastizität verlieren, was zu Haarbruch führen kann. Daher ist es entscheidend, Produkte zu verwenden, die feuchtigkeitsspendende Inhaltsstoffe wie Aloe Vera, Glycerin, Panthenol und verschiedene natürliche Öle enthalten. Diese Inhaltsstoffe helfen, das Haar mit Feuchtigkeit zu versorgen, seine Textur zu verbessern und Frizz zu reduzieren.

Proteine auf der anderen Seite sind eine Schlüsselkomponente in der Struktur deiner Haare. Sie stärken den Haarschaft und füllen Lücken in der Cuticula, der äußeren Haarschicht, auffüllen. Dies kann dazu beitragen, die Elastizität zu verbessern und Haarbruch zu verhindern. Proteinhaltige Produkte enthalten oft Inhaltsstoffe wie Keratin, Seidenproteine, Weizenproteine oder andere pflanzliche Proteine.

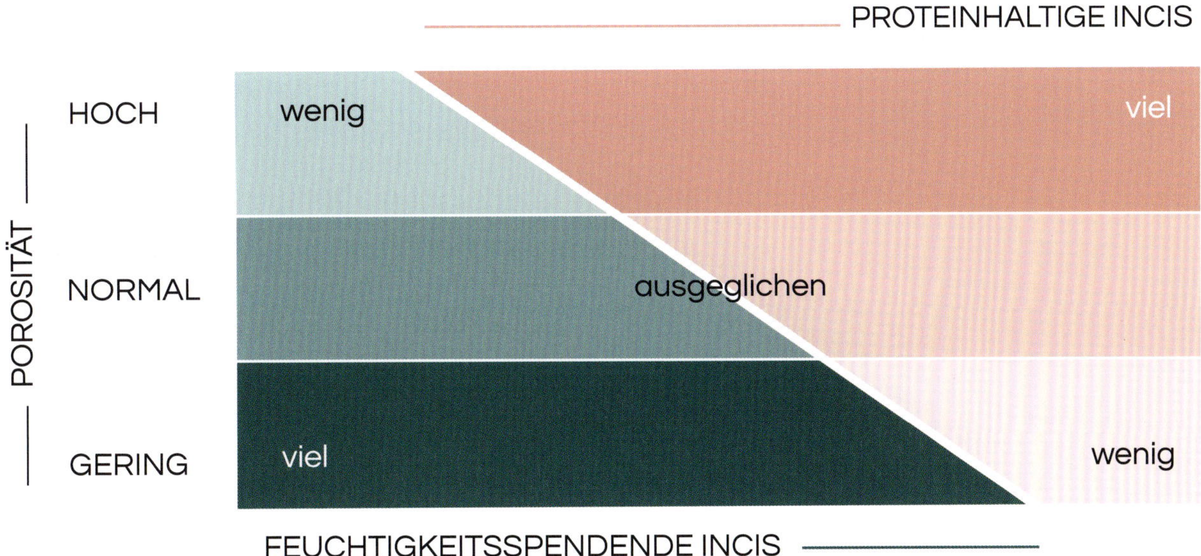

Abb. 31: Feuchtigkeitsspendende INCIs und Proteine in Abhängigkeit zur Porosität

Sie sind besonders nützlich für Haare, die durch chemische Behandlungen, Hitze oder andere stressige Faktoren geschädigt wurden. Jedoch ist es wichtig, dein eigenes Gleichgewicht zwischen Feuchtigkeit und Protein zu finden. Eine Überladung mit Proteinen kann dein Haar steif und spröde machen, während ein Überschuss an Feuchtigkeit das Haar übermäßig weich und schlaff machen kann, was ebenfalls zu Bruch führen kann. Daher ist es wichtig, auf die Bedürfnisse deines Haares zu hören. Wenn dein Haar trocken und kraus ist, benötigt es wahrscheinlich mehr Feuchtigkeit. Wenn es jedoch schlaff und dehnbar ist, können deine Haare wahrscheinlich Proteine gebrauchen.

Beispiele für feuchtigkeitsspendende Inhaltsstoffe und Proteine findest du auf Seite 56.

Letztlich erfordert die Pflege deiner Locken etwas Geduld und Experimentierfreudigkeit. Es ist ein Prozess, der darin besteht, die Produkte und Inhaltsstoffe zu finden, die am besten für deine Haare funktionieren. Egal ob es sich um feuchtigkeitsspendende Conditioner, proteinreiche Behandlungen oder eine Kombination von beidem handelt – es ist wichtig, auf die Zeichen zu achten, die dein Haar dir gibt, und entsprechend darauf zu reagieren. Mit der Zeit wirst du ein besseres Verständnis für die spezifischen Bedürfnisse deines Haares entwickeln und wie du es am besten pflegen kannst, um seine natürliche Schönheit zur Geltung zu bringen.

Leichte vs. schwere Inhaltsstoffe

An der Haarstärke und der Haardichte erkennst du, ob deine Haare eher leichte oder beschwerende Produkte vertragen. Hast du eher feine Haare, solltest du beschwerende Inhaltsstoffe vermeiden. Das können beispielsweise Sheabutter oder Öle sein. Doch nicht alle Öle sind ausschließlich beschwerend.

Leichte Inhaltsstoffe

PRUNUS AMYGDALUS DULCIS OIL (Mandelöl)

SESAMUM INDICUM SEED OIL (Sesamöl)

SIMMONDSIA CHINENSIS SEED OIL (Jojobaöl)

BRASSICA OLERACEA ITALICA SEED OIL (Brokkolisamenöl)

ADANSONIA DIGITATA SEED OIL (Baobaböl)

Beschwerende Inhaltsstoffe

BUTYROSPERMUM PARKII (Sheabutter)

ARGANIA SPINOSA KERNEL OIL (Arganöl)

MACADAMIA TERNIFOLIA SEED OIL (Macadamiaöl)

OLEA EUROPEA FRUIT OIL (Olivenöl)

RICINUS COMMUNIS SEED OIL (Rizinusöl)

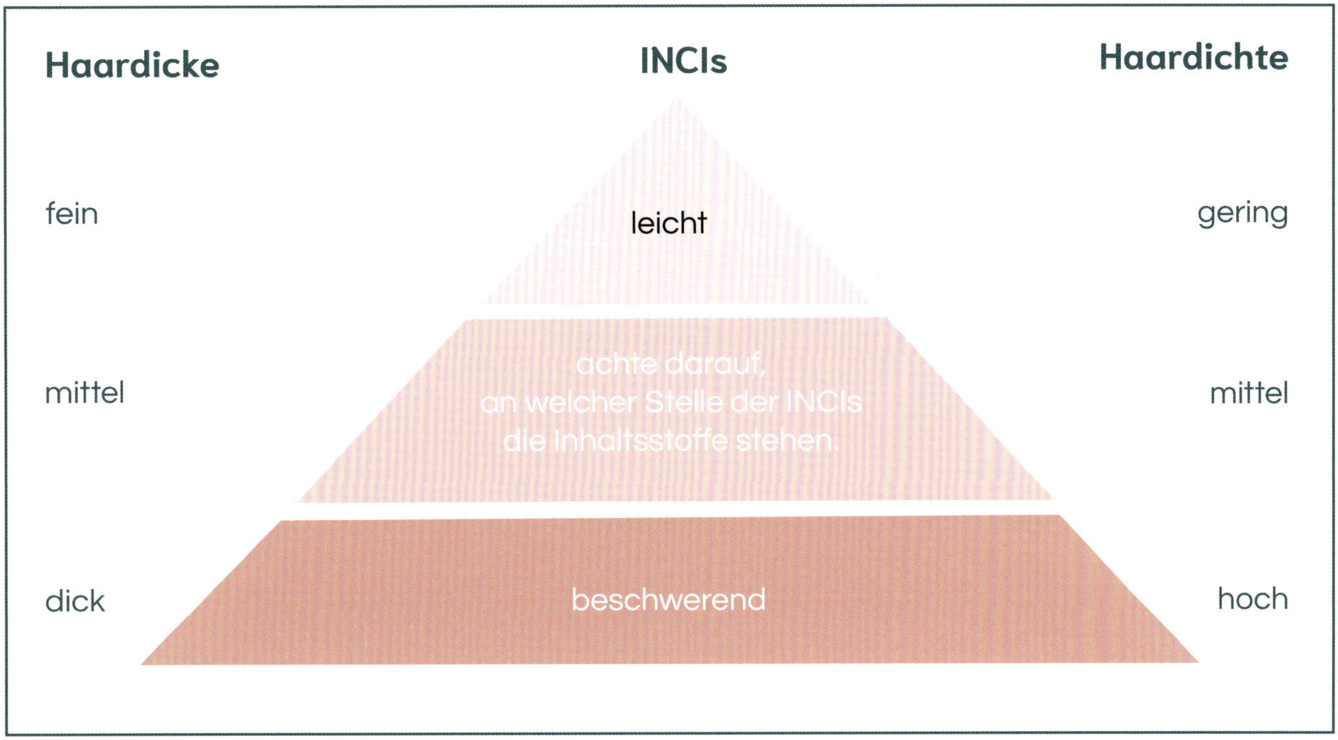

Haardicke	INCIs	Haardichte
fein	leicht	gering
mittel	achte darauf, an welcher Stelle der INCIs die Inhaltsstoffe stehen.	mittel
dick	beschwerend	hoch

Abb. 32: Haardicke, Haardichte und Wahl der Inhaltsstoffe in Abhängigkeit

Auch die Haardichte ist bei der Wahl deiner Pflege- und insbesondere der Stylingprodukte wichtig. Hast du eine geringe Haardichte, empfiehlt es sich, beschwerende Inhaltsstoffe zu vermeiden sowie auf Stylingprodukte zu setzen, die deinen Haaren Volumen verleihen.

Während ein Haargel dabei hilft, deine Locken sehr gut zu bündeln und sie damit zu definieren, ist eine Mousse bzw. ein Lockenschaum bestens dafür geeignet, deine Haare zu stützen und damit Volumen zu erzeugen.

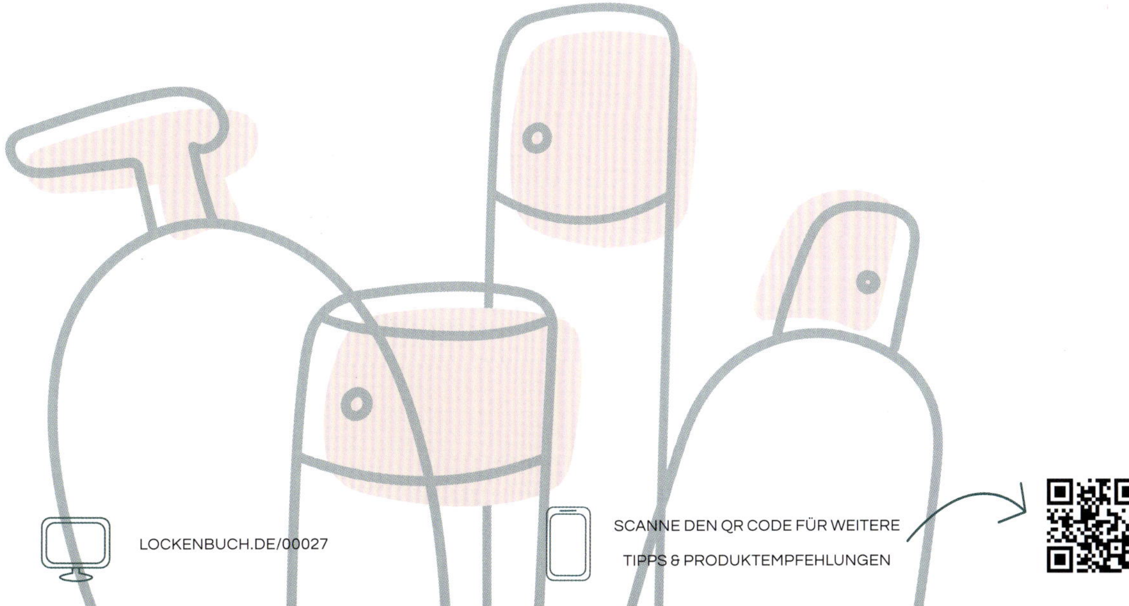

05 Finde deine Haarpflege-Routine

Eine effektive Haarpflege-Routine kann dazu beitragen, dass deine Locken gesund sind und glänzend und definiert aussehen. In diesem Kapitel zeige ich dir, wie du die für dich geeignete Lockenpflege-Routine entwickelst. Auf dem Markt gibt es so viele verschiedene Produkte und es ist ohne etwas Hintergrundwissen nicht leicht, für sich verschiedene Produkte in Kombination zu finden, die zu einem passen.

Grundsätzlich besteht eine Pflegeroutine aus den Komponenten der Reinigung von Haaren und Kopfhaut, der Pflege und Zuführung von Nährstoffen sowie dem Styling. Im Anschluss daran werden die Haare getrocknet. Das klingt doch eigentlich ganz einfach, oder?

Reinigung – Pflege – Styling

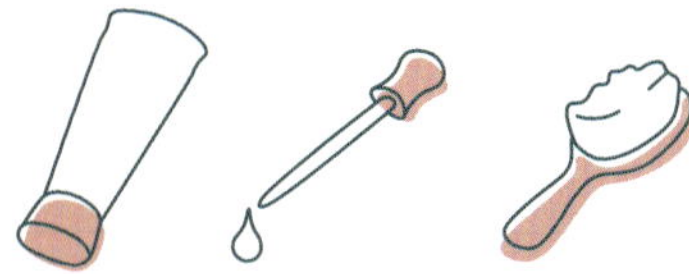

Im Folgenden werde ich dich durch den Dschungel der zahlreichen Reinigungs-, Pflege- und Stylingprodukte für lockiges Haar navigieren. Ich stelle die einzelnen Produkttypen und ihren Nutzen im Detail vor und verrate dir, für wen sie geeignet sind. So wirst du verstehen lernen, weshalb es all diese Produkte überhaupt gibt und kannst einschätzen lernen, ob sie für dich und deine Haare geeignet sind.

Du erfährst zudem, welche Komponenten deine persönliche Haarpflege-Routine enthalten sollte, und ich verrate dir, wie du einzelne Produkte miteinander kombinieren kannst. Um die Vielzahl an Möglichkeiten aufzubrechen, erkläre ich dir anhand mehrerer Haar-Beispiele, welche Routine für die Pflege und das Styling geeignet sind.

DON'T: Locken täglich waschen
Deine trockenen Haare sind von Natur aus wesentlich trockener als glatte Haare. Wenn du sie zusätzlich täglich wäschst, gehen die natürlichen Öle noch schneller verloren und deine Haare trocknen noch mehr aus.

DO: Locken nur waschen wenn nötig
Wasche deine Locken nach Bedarf nach dem Prinzip ‚So wenig wie möglich, aber so oft wie nötig!' Achte dabei vor allem auf deine Kopfhaut, denn sie zeigt dir meist an, wann die richtige Zeit zum Waschen ist. Schweißablagerungen und Schmutz können dazu führen, dass deine Kopfhaut zu jucken beginnt.

LOCKENBUCH.DE/00028

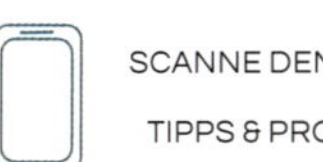

SCANNE DEN QR CODE FÜR WEITERE TIPPS & PRODUKTEMPFEHLUNGEN

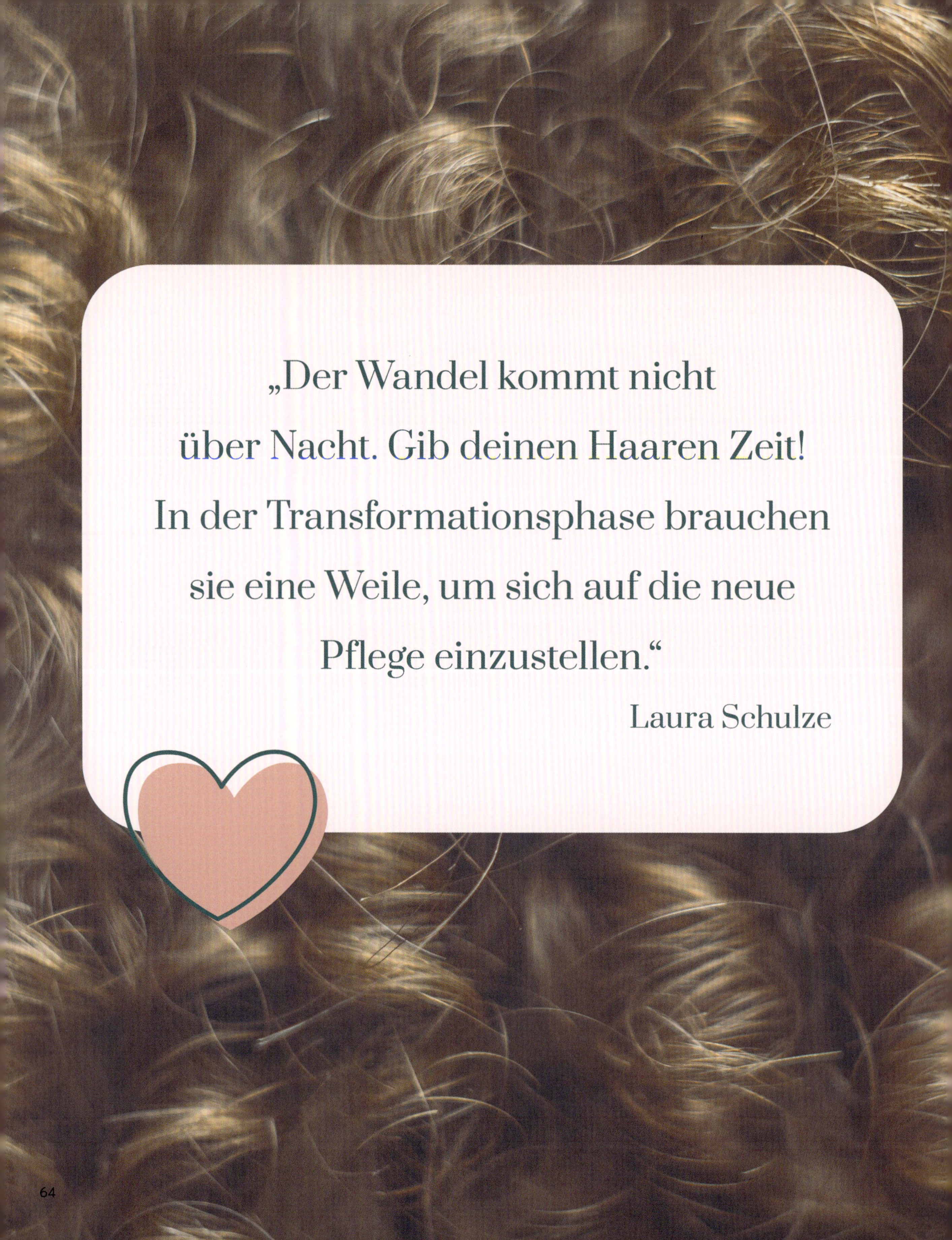
„Der Wandel kommt nicht
über Nacht. Gib deinen Haaren Zeit!
In der Transformationsphase brauchen
sie eine Weile, um sich auf die neue
Pflege einzustellen.“
Laura Schulze

Produkte zur Reinigung deiner Haare & Kopfhaut

Die Basis für schöne Locken sind eine gesunde Kopfhaut und Haare, die so weit von Schmutz befreit sind, dass sie dazu in der Lage sind, pflegende Stoffe aufzunehmen. Zu den reinigenden Produkten zählen:

Tiefenreinigungsshampoo

Du verwendest es nur gelegentlich und zwar dann, wenn du starken Build-Up hast und deine Haare und Kopfhaut gründlich gereinigt werden müssen.

Chelating Shampoo

Lebst du in einer Region mit sehr hartem Wasser? Dann bekommst du mit diesem Shampoo Kalk und Metallablagerungen von deinen Haaren gelöst.

Shampoo / Low-Poo

Ein Shampoo benutzt du, wenn du das Gefühl hast, dass dein Haaransatz eher dünne Haare zeigt und dein Haaransatz schnell fettet.

Co-Wash

Neigst du zu einer trockenen Kopfhaut, solltest du statt Shampoo auf einen Co-Wash setzen, um Schmutz von Haar und Kopfhaut zu lösen.

Tiefenreinigungsshampoo

Was ist das?

Ein Tiefenreinigungsshampoo verwendest du, um deine Haare und die Kopfhaut gründlich zu reinigen und von allen Ablagerungen zu befreien. Die Reinigung deiner Haare mit einem Tiefenreinigungsshampoo ist sinnvoll, damit deine Haare die nötige Pflege anschließend gut aufnehmen können.

Damit ein Tiefenreinigungsshampoo die stark reinigende Wirkung entfalten kann, sind starke Tenside (auch als aggressive Tenside bekannt, siehe Seite 49) enthalten.

Merke dir

Ein Tiefenreinigungsshampoo enthält meist aggressive Tenside, da es deine Haare gründlich reinigen soll. Verwendest du das Tiefenreinigungsshampoo zu häufig, können deine Haare austrocknen. Verwende es daher so wenig wie möglich!

Diese Inhaltsstoffe sorgen dafür, dass die angesammelten Ablagerungen (Build-Up) wie Talg, Fett, Silikone, Öle, Schuppen, Rückstände von Stylingprodukten wie reichhaltigem Conditioner und Nikotin aus deinen Haaren entfernt werden.

Für wen ist es geeignet?

Für jeden! Du solltest es zu Beginn deiner Lockenreise verwenden – dies nennt man auch den ‚Final Wash'. Danach musst du es nur nach Bedarf verwenden, also nur dann, wenn du merkst, dass sich Produktablagerungen auf deinen Haaren gebildet haben. Im Schnitt verwenden Menschen mit Locken ein Tiefenreinigungsshampoo alle 4-6 Wochen.

Wann ist es Zeit für eine Tiefenreinigung?

Ich empfehle dir die Reinigung mit einem Tiefenreinigungsshampoo, wenn du starken Build-Up (Produktablagerungen) feststellst. Auch nach dem Besuch des Schwimmbades lagert sich Chlor in deinen Haaren ab, welches du mit jenem Shampoo entfernen kannst. Willst du deine Haare färben, rate ich dir auch, sie vorab mit einem Tiefenreinigungsshampoo zu waschen.

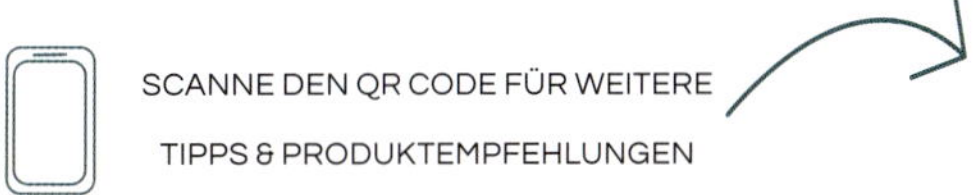

Shampoo

Was ist das?

Ein Shampoo hilft dir, deine Haare und Kopfhaut von Schmutz zu befreien. Es öffnet die Schuppenschicht deiner Haare und die enthaltenen Tenside können Schmutzpartikel wie zum Beispiel Öle lösen.

Für wen ist es geeignet?

Viele Lockenköpfe folgen der Curly Girl Methode, bei der du deine Haare nicht mit einem Shampoo, sondern mit einem Conditioner wäschst (Co-Wash). Dies ist allerdings nicht bei allen Locken-Typen empfehlenswert. Insbesondere, wenn du einen schnell fettenden Haaransatz, eher feine Haare oder auch eine geringe Haardichte hast, kann es absolut Sinn machen, deine Haare mit einem Shampoo zu waschen.

Hast du eher dickere Haare, kannst du testen, wie deine Haare darauf reagieren, wenn du das Shampoo weg lässt oder sehr viel weniger verwendest, als du es bisher wahrscheinlich gewohnt warst. Beobachte deine Haare genau und versuche, das Shampoo zum Beispiel nur bei jedem zweiten Waschtag zu verwenden. Es gibt hier kein richtig oder falsch – deine Haare sind einzigartig und du solltest sie auch so reinigen, wie es am besten zu dir passt.

Sind deine Haare feiner, empfehle ich dir, deine Haare mit einem milden Shampoo zu waschen.

Das Waschen mit einem milden Shampoo nennt man ‚Low-Poo Methode'.

Was musst du bei der Wahl des Shampoos beachten?

Insbesondere in Shampoos sind oftmals Inhaltsstoffe enthalten, die Locken austrocknen können. Es gibt jedoch auch milde Tenside, die vor allem für lockige Haare, die von Natur aus bereits trockener sind. Auf Seite 57 zeige ich dir, wie du milde Tenside erkennst und gebe dir Beispiele für Inhaltsstoffbezeichnungen.

Mein Tipp

Du magst das Gefühl eines schäumenden Shampoos? Für das Schäumen sind meist aggressive Tenside verantwortlich, die deine Locken jedoch mittelfristig austrocknen können. Es gibt jedoch auch nicht schäumende Inhaltsstoffe (Seite 57), die deine Haare gut reinigen.

Chelating Shampoo

Was ist ein Chelating Shampoo?

Das Chelating Shampoo ist ein normales Shampoo, das Inhaltsstoffe enthält, die insbesondere Kalk und Metalle binden und deine Haare so von Schmutz und Build-Up befreit.

Chelatbildende Inhaltsstoffe

- DISODIUM EDTA (Ethylamine Diamine Tetraacetic Acid)
- TETRASODIUM EDTA
- PENTASODIUM PENTETATE
- SODIUM PHYTATE
- PHYTIC ACID

Für wen ist es geeignet?

Lebst du in einem Gebiet mit sehr hartem Wasser, solltest du ab und an ein Shampoo mit chelatbildenden Inhaltsstoffen verwenden. Du merkst auch ohne speziellen Test, ob dein Wasser sehr hart ist, wenn du viele Kalkablagerungen z. B. in der Dusche hast.

Build-Up: So erkennst du Produktablagerungen in deinen Haaren

Was ist Build-Up?

Build-Up bezeichnet die Ablagerung von Produktrückständen wie Ölen, Silikonen, Wachsen und anderen Inhaltsstoffen auf der Kopfhaut und den Haaren. Dies kann besonders bei lockigen Haaren ein Problem sein, da die natürliche Ölproduktion von der Kopfhaut bis zu den Haarspitzen erschwert ist, was oft dazu führt, dass mehr Pflegeprodukte verwendet werden. Der Build-Up kann die Locken schwer und leblos erscheinen lassen, die Kopfhaut reizen und sogar zu Schuppenbildung führen.

Warum ist Build-Up ein Problem?

Lockiges Haar hat eine einzigartige Struktur, die es schwieriger macht, Feuchtigkeit und Öle gleichmäßig zu verteilen. Deshalb greifen viele Curlies zu Conditionern, Haarölen und Stylingprodukten, mit reichhaltigen Inhaltsstoffen, um Trockenheit und Frizz zu bekämpfen. Diese Produkte können jedoch im Laufe der Zeit Build-Up verursachen, wodurch nicht nur das Aussehen der Locken beeinträchtigt wird, sondern auch deren Gesundheit.

Hast du Build-Up?

Daran erkennst du, dass sich Produktablagerungen auf deinen Haaren gebildet haben

- ◯ Deine Haare nehmen keine Produkte mehr an.
- ◯ Deine Locken verlieren ihre Sprungkraft und hängen sich aus.
- ◯ Die Haare fühlen sich fettig oder klebrig an.
- ◯ Deine Haare lassen sich nicht mehr gut stylen.
- ◯ Schuppen oder Irritationen der Kopfhaut.
- ◯ Produkte wirken nicht mehr so effektiv wie zuvor, weil deine Haare anders als sonst reagieren

Co-Wash Conditioner

Was ist das?

Co-Wash ist die Abkürzung für ‚Conditioner Wash' was so viel bedeutet wie ‚mit einer Pflegespülung waschen'. Ich habe den Co-Wash unter den reinigenden Produkten zusammengefasst, weil es spezielle Conditioner gibt, die zusätzlich noch reinigende Inhaltsstoffe besitzen.

Vorteile der Nutzung eines Co-Wash

+ Ein Co-Wash enthält meist weniger aggressiv reinigende Inhaltsstoffe als ein Shampoo.
+ Durch die schonende Reinigung mit einem Co-Wash Conditioner bleiben mehr natürliche Öle in deinen Locken.
+ Gefärbte Haare können ihre Farbe länger behalten.

Für wen ist Co-Washing geeignet?

Die Co-Wash-Methode eignet sich ebenfalls besonders gut, wenn du sehr trockenes Haar hast, da sie dazu beiträgt, die natürlichen Öle im Haar zu bewahren und ihm mehr Feuchtigkeit zu spenden. Wenn du viel Sport machst und dabei schwitzt, kann Co-Washing eine hervorragende Methode sein, um dein Haar zwischen den großen Haarwäschen frisch und sauber zu halten. Auch wenn deine Locken einfach nur sehr trocken sind, kannst du ihnen hiermit zwischendurch Feuchtigkeit spenden.

Doch nicht alle Haartypen sind für Co-Washing geeignet. Wenn du feines, schnell fettendes Haar oder eine sehr empfindliche Kopfhaut hast, solltest du möglicherweise eher mit einem milden Shampoo reinigen, das einfach etwas gründlicher reinigt.

Was musst du bei der Wahl des Co-Wash Conditioners beachten?

Du kannst zwar durchaus eine normale Pflegespülung für das Co-Washing verwenden, aber es kann für dich Sinn machen, in eine Haarspülung zu investieren, die speziell für die Co-Wash Methode entwickelt wurde!

Normale Conditioner wurden entwickelt, um die Haarfollikel zu pflegen, deine Haare mit feuchtigkeitsspendenden Inhaltsstoffen zu versorgen und die Schuppenschicht anzulegen. Die meisten Pflegespülungen enthalten zwar Spuren von Reinigungssubstanzen, aber sie reinigen möglicherweise nicht ausreichend, wenn sich auf deiner Kopfhaut viele Produkte oder überschüssiger Talg befinden!

Mein Tipp

Verwendest du bei der Haarwäsche die Co-Wash-Methode, d. h. nur einen Conditioner und kein Shampoo, solltest du unbedingt darauf achten, dass du in diesem Fall deine Kopfhaut manuell von Schmutz befreien solltest. Hierfür kann ich dir eine Massagebürste empfehlen.

Co-Wash Conditioner sind mit einer höheren Konzentration an reinigenden INCIs formuliert, auch wenn sie jedoch nicht so viele wie ein herkömmliches Shampoo enthalten. Diese dringen während der Haarwäsche in das Haar ein, lösen überschüssigen Schmutz, Ablagerungen und Produktansammlungen und hinterlassen sauberes, weiches Haar. In deinem Co-Wash Conditioner sollten keine wasserunlöslichen Silikone und sehr beschwerende INCIs wie Öle oder Butter enthalten sein. Letztere können deine Haare zu sehr beschweren und zu Build-Up führen, was deine Haare fettig erscheinen lässt.

Lockenpflege

Die richtige Pflege ist das Geheimnis hinter definierten, gesunden und glänzenden Locken. Hierfür gibt es ein paar essentielle Produkte, die ich dir vorstellen möchte. Ich zeige dir ihre Funktionen, die Anwendung und verrate dir, für wen sie am besten geeignet sind.

Conditioner (Haarspülung)

Conditioner kannst du bei jeder Haarwäsche verwenden, um deine Haare zu entwirren und leichter kämmbar zu machen.

Haarkur

Eine Haarkur nutzt du, wenn deine Haare sehr trocken sind. Achte auf die Bedürfnisse deiner Haare, um zu erkennen, ob du eine feuchtigkeitsspendende Haarkur (bei gering porösem Haar) oder eine proteinhaltige Haarkur verwenden solltest (bei hoch porösem Haar).

Leave-In Conditioner

Du verwendest Leave-In Conditioner nur bei Bedarf, um insbesondere deine Haarspitzen mit Nährstoffen zu versorgen.

Haaröl

Fast schon ein Allrounder ist ein Öl für die Haare. Du kannst es als Pre-Poo vor der Haarwäsche in die Kopfhaut einmassieren oder aber nach der Wäsche in die Haarspitzen kneten. Ich verwende es auch gerne für meinen Refresh.

Conditioner

Was ist das?

Conditioner oder auch Hair Conditioner ist das englische Wort für ‚Haarspülung', es bezeichnet aber das gleiche Produkt. Während ein Shampoo die Schuppenschicht der Haare öffnet, schließt eine Haarspülung diese wieder. Nutzt du sie nicht, bleibt die Schuppenschicht geöffnet und macht deine Locken anfälliger für Schäden wie zum Beispiel Haarbruch.

Vorteile der Nutzung eines Conditioners

+ Die Schuppenschicht der Haare wird geschlossen.
+ Deine Haare lassen sich leichter entwirren.
+ Feuchtigkeit bleibt in den Locken, die Haare brechen weniger.
+ Schutz vor Umwelteinflüssen.

Für wen ist ein Conditioner geeignet?

Vor allem Lockenköpfe sind gut beraten, Conditioner zu verwenden. Denn die Haare werden dadurch regelrecht geschützt, da die Spitzen hierdurch viel besser gepflegt und mit Feuchtigkeit versorgt werden. So brechen sie viel weniger ab und neigen auch nicht mehr so schnell zu Spliss.

Wie wendest du einen Conditioner an?

Auch wenn es oftmals heißt, dass weniger mehr ist , würde ich es bei der Verwendung eines Conditioners nicht unbedingt empfehlen. Nimm ausreichend Produkt, damit du es gleichmäßig und geschmeidig in deine Haare einarbeiten kannst. Du kannst die Haarspülung bei jeder Haarwäsche verwenden.

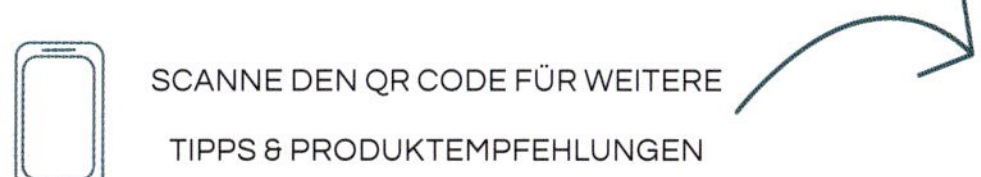

Worauf solltest du bei der Wahl des Conditioners achten?

Achte darauf, dass der Conditioner frei von austrocknenden Alkoholen, Silikonen und Sulfaten ist. Je nachdem wie porös deine Haare sind, benötigst du gerade zu Beginn deiner Lockenreise vermehrt Proteine oder auch feuchtigkeitsspendende Inhaltsstoffe. Achte deshalb auf die Inhaltsstoffe, die deinen Haarbedürfnissen entsprechen.

Das Waschen ausschließlich mit einem Conditioner nennt man ‚Co-Wash'. Hier gibt es verschiedene Produkte, den normalen Conditioner und den Co-Wash Conditioner, der sehr sanfte reinigende INCIs beinhaltet.

Mein Tipp

Spüle deine Locken zum Abschluss des Waschgangs mit kaltem Wasser ab. So schließt sich die Schuppenschicht noch stärker und die Pflege wird im Inneren deiner Locken eingeschlossen.

Tiefenpflege

Was ist das?

Mit einer Tiefenpflege, z. B. einer Haarkur oder auch Haarmaske lässt du deinen Locken Pflege zukommen, die tief ins Innere deiner Haare eindringt. Die pflegenden Inhaltsstoffe sind in diesen Produkten höher konzentriert, so dass je nach Produkt-Zusammensetzung ein hohes Maß an Feuchtigkeit oder aber auch andere Nährstoffe zugeführt werden können.

Haarkur, Haarmaske und Deep Conditioner sind Begriffe, die oft verwendet werden, um Produkte zu beschreiben, die speziell für die Tiefenpflege von Haaren entwickelt wurden. Obwohl es keine einheitliche Definition für diese Begriffe gibt und sie von Marke zu Marke variieren können, gibt es einige allgemeine Unterschiede:

Haarkur

Eine Haarkur ist in der Regel eine konzentrierte Formel, die entwickelt wurde, um das Haar intensiv zu pflegen und Feuchtigkeit zuzuführen. Haarkuren werden normalerweise nach der Haarwäsche auf das handtuchtrockene Haar aufgetragen und für eine bestimmte Zeit einwirken gelassen, bevor sie ausgespült werden. Sie enthalten oft pflegende Inhaltsstoffe wie Öle, Vitamine und Proteine, die das Haar stärken und die Schuppenschicht anlegen sollen.

Haarmaske

Eine Haarmaske ist ähnlich wie eine Haarkur, jedoch kann der Begriff ‚Haarmaske' manchmal auch verwendet werden, um Produkte zu beschreiben, die eine etwas dickere oder cremigere Konsistenz haben. Haarmasken können eine Vielzahl von Vorteilen bieten: Feuchtigkeitsversorgung, Reparatur geschädigter Haare, Glättung von Frizz und Stärkung der Haarstruktur.

Deep Conditioner

Ein Deep Conditioner ist eine besonders intensive Pflege für das Haar. Er enthält oft hochkonzentrierte Inhaltsstoffe, die tief in das Haar eindringen sollen, um es von innen heraus zu pflegen und zu reparieren. Im Vergleich zu einer normalen Haarspülung oder einem herkömmlichen Conditioner bleibt ein Deep Conditioner länger im Haar, um eine tiefere Pflegewirkung zu erzielen. Er kann helfen, trockenes, strapaziertes oder geschädigtes Haar zu revitalisieren und ihm Glanz und Geschmeidigkeit zu verleihen.

Für wen ist eine Tiefenpflege geeignet?

Die Pflege mit Haarkuren, Haarmasken und Deep Conditionern ist im Allgemeinen für alle Haartypen geeignet. Sie können besonders vorteilhaft sein, wenn dein Haar geschädigt, trocken, strapaziert oder auch brüchig ist. Zudem kannst du diese intensive Pflege verwenden, um Frizz zu reduzieren und deinen Haaren Glanz und Geschmeidigkeit zu verleihen. Sind deine Haare coloriert oder chemisch behandelt, kannst du ebenfalls von der regelmäßigen Anwendung dieser Produkte profitieren. Denn sie können dazu beitragen, deine Haarstruktur zu verbessern und somit die Farbe länger haltbar zu machen.

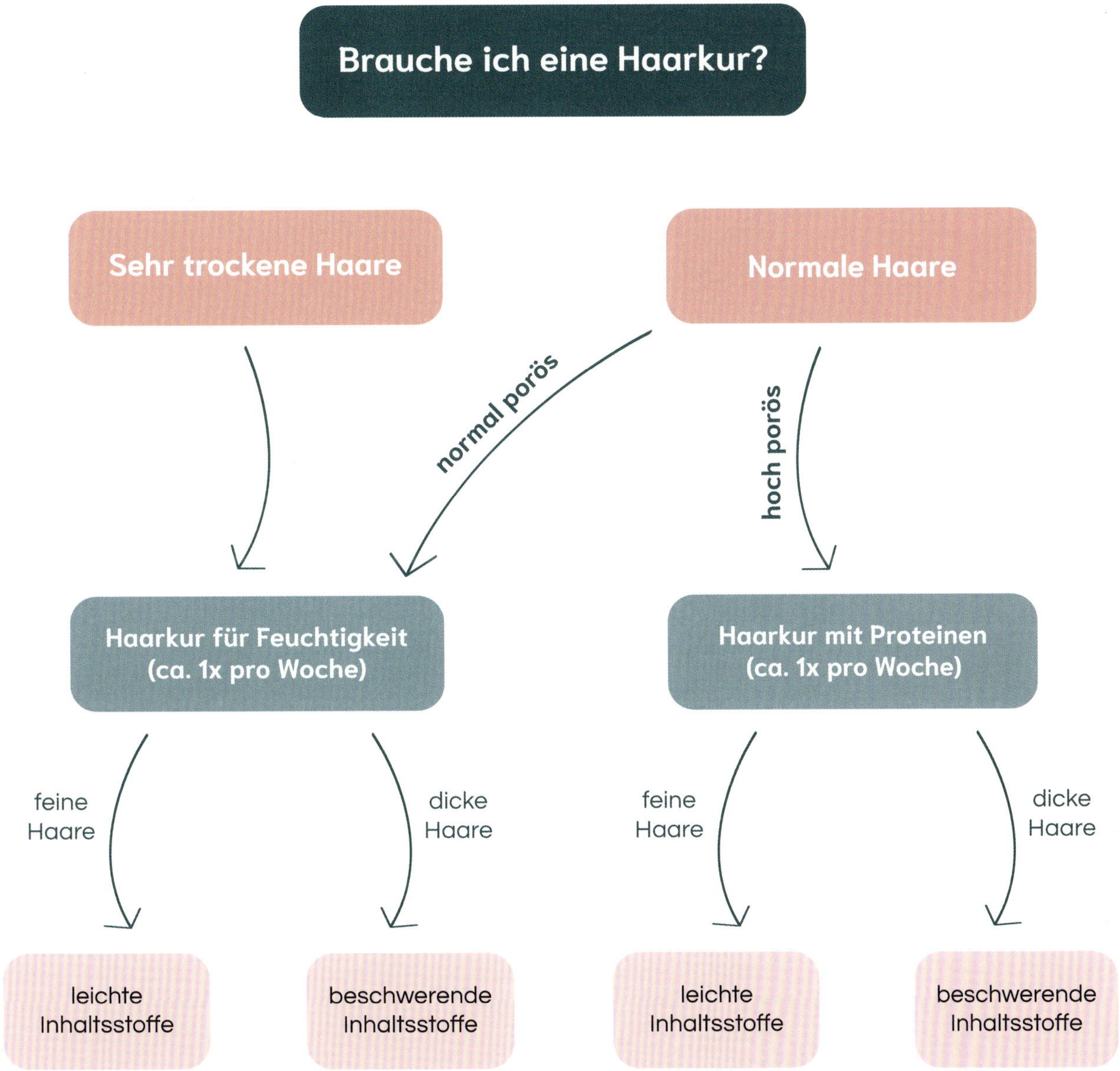

Abb. 33: Wahl der passenden Tiefenpflege

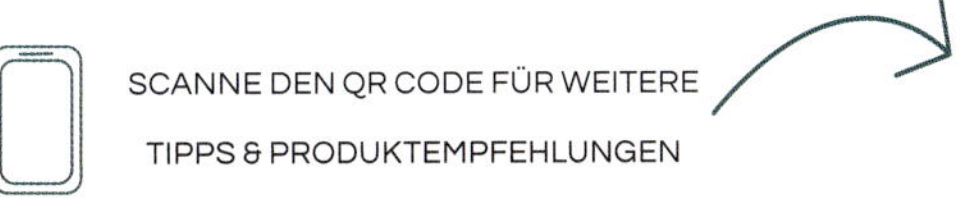

Tipps für deine Produktwahl

Achte bei der Wahl deiner Tiefenpflege unbedingt darauf, dass sie weder wasserunlösliche Silikone, austrocknende Alkohole oder Sulfate beinhaltet. Denn diese Inhaltsstoffe trocknen dein Haar mittelfristig aus und schädigen es so. Deshalb sollten folgende pflegende Inhaltsstoffe in der Inhaltsstoff-Liste weit vorne stehen:

- ALOE BARBENSIS LEAF JUICE (Aloe Vera)
- HYDROGENATED AVOCADO OIL (Avocadoöl)
- BUTYROSPERUM PARKII BUTTER (Sheabutter)
- XANTHAN GUM
- PANTHENOL
- OLEA EUROPAEA FRUIT OIL (Olivenöl)
- ARGANIA SPINOSA KERNEL OIL (Arganöl)
- PRUNUS AMYGDALUS DULCIS OIL (Mandelöl)

Hast du sehr feine Haare, solltest du auf Produkte mit leichten Inhaltsstoffen achten, um deine Haare nicht zu beschweren. Hast du kräftige, sehr trockene Haare, kannst du dagegen Produkte mit reichhaltigen Inhaltsstoffen verwenden.

Mein Tipp

Die Wirkstoffe der Tiefenpflege können tiefer in die Haarstruktur eindringen, wenn du deine Haare bei diesem Schritt warm hältst. Verwende hierfür eine Duschhaube und wickel ein zuvor angewärmtes Handtuch um deinen Kopf. Es gibt auch extra für diesen Zweck hergestellte Thermohauben.

Wie wendest du diese Tiefenpflege an?

Das Einarbeiten einer Tiefenpflege in die Haare ist ein relativ einfacher Prozess. Du kannst dabei folgendermaßen vorgehen:

1. Wasche deine Haare gründlich mit einem milden Shampoo und spüle es gut aus. Dadurch werden Ablagerungen und Rückstände entfernt, sodass die Pflege besser wirken kann.
2. Drücke überschüssiges Wasser aus den Haaren, damit sie feucht, aber nicht tropfnass sind. Dies erleichtert die Verteilung des Produkts.
3. Trage eine großzügige Menge der Pflege auf deine Handflächen auf. Die Menge hängt von der Länge und Dicke deiner Haare ab. Beginne mit einer kleinen Menge und füge bei Bedarf mehr hinzu.
4. Verteile die Haarmaske gleichmäßig auf das gesamte Haar. Beginne an den Spitzen und arbeite dich langsam nach oben.
5. Massiere die Tiefenpflege sanft in die Haare ein, indem du deine Finger verwenden oder einen breitzin kigen Kamm benutzen kannst. Dadurch wird sichergestellt, dass die Maske gut in das Haar eindringt und jedes einzelne Haar bedeckt.
6. Lasse das Produkt gemäß der Anweisungen auf der Verpackung einwirken. Die Einwirkzeit variiert je nach Produkt, kann jedoch zwischen 5 und 30 Minuten liegen.
7. Nach Ablauf der Einwirkzeit spülst du die Tiefenpflege gründlich mit warmem oder lauwarmem Wasser aus, bis das Wasser klar ist. Stelle sicher, dass keine Rückstände im Haar verbleiben.

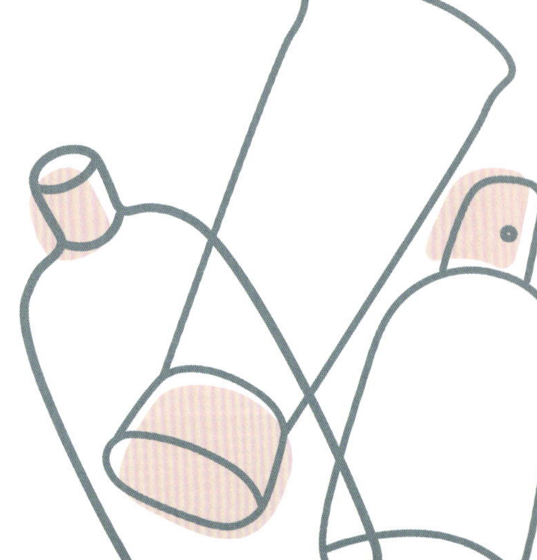

Leave-In Conditioner

Was ist ein Leave-In Conditioner?

Ein Leave-In Conditioner ist eine Haarspülung, die im Gegensatz zu herkömmlichen Conditionern nicht ausgespült wird, sondern im Haar bleibt. Du kannst es auch direkt mit ‚Drin bleibe Haarspülung' übersetzen. Dieses leichte Produkt enthält oft feuchtigkeitsspendende Inhaltsstoffe und Filmbildner wie Öle, Sheabutter und Aloe Vera sowie Eibischwurzel (Marshmallow Root). Diese tragen dazu bei, dass deine Locken mit Feuchtigkeit versorgt und vor schädlichen Umwelteinflüssen geschützt werden. Ein weiterer Vorteil ist, dass du damit Frizz reduzieren kannst. Es versorgt deine Locken vor allem mit Feuchtigkeit und schützt sie vor schädlichen Umwelteinflüssen. Ein weiterer Vorteil ist, dass du damit Frizz reduzieren kannst.

Für wen ist ein Leave-In Conditioner geeignet?

Diese Pflege ist für alle Menschen mit lockigem Haar geeignet, unabhängig von der Haarlänge oder -textur. Er kann einen Mehrwert bieten, wenn du trockene Haare hast, unter Frizz oder gar Haarbruch leidest, da dieser hilft, deine Locken länger mit Feuchtigkeit zu versorgen und damit auch die Haarstruktur zu verbessern.

 Je trockener und dicker deine Haare sind, desto mehr Leave-In Conditioner kannst du verwenden.

 Hast du dünnere Haare, kann ein etwas leichterer Sprüh-Leave-In Conditioner die richtige – nicht beschwerende – Wahl sein.

Worauf solltest du bei der Wahl des Leave-In Conditioners achten?

Achte bei der Wahl des richtigen Leave-In Conditioners darauf, dass er keine austrocknenden Alkohole, wasserunlösliche Silikone oder Sulfate enthält, so dass er für die Lockenpflege geeignet ist und deine Haare nachhaltig pflegt. Zudem sollten feuchtigkeitsspendende Inhaltsstoffe enthalten sein.

Ich empfehle dir, die Inhaltsstoffe deines Leave-In Conditinoers nach deinen Haarbedürfnissen zu wählen. Es gibt Leave-In Conditioner mit oder ohne Proteinen.

Anwendungsempfehlung

Die Anwendung dieser Pflege ist einfach und unkompliziert. Nach dem Waschen und Spülen deines Haares trägst du eine kleine Menge des Leave-In Conditioners auf das handtuchtrockene Haar auf.

1. Nimm eine kleine Produktmenge in die Handinnenfläche und verreibe sie.
2. Verteile das Produkt gleichmäßig von deinen Haarspitzen ausgehend in Richtung Haaransatz. Die Applikationstechnik (viele Beispiele findest du ab Seite 83 kann dabei von Person von Person variieren, je nachdem welche Bedürfnisse deine Haare haben. Die Raking Hands Methode (siehe Seite 85) ist hierbei sehr beliebt.
3. Style deine Haare anschließend wie gewohnt.

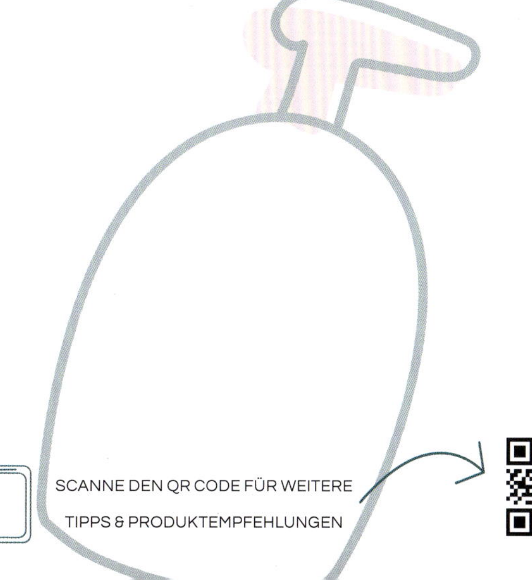

LOCKENBUCH.DE/00033

SCANNE DEN QR CODE FÜR WEITERE TIPPS & PRODUKTEMPFEHLUNGEN

Haaröl

Was bewirkt Haaröl?

Ein Haaröl verwendest du, um deine Haare mit einer schützenden Schicht zu versehen. Diese sorgt dafür, dass Feuchtigkeit im Inneren des Haares gespeichert wird.
Du kannst es zudem für eine Kopfmassage am besten vor der Haarwäsche (Pre-Poo) nutzen.

Für wen ist Haaröl geeignet?

Ein Haaröl kann grundsätzlich von allen Lockentypen verwendet werden. Für dich wird es interessant sein, wenn...

- du hoch poröse Haare hast,
- du eine sehr trockene Kopfhaut hast und sie vor der Haarwäsche pflegen möchtest,
- oder du den Gel-Cast mit den Händen aus deinen Haaren kneten willst (siehe Seite 119).

Bei der Anwendung ist vor allem die Produktmenge entscheidend.

Hast du dickere Haare, kannst du mehr Produkt und auch reichhaltigere Haaröle vertragen.
Hast du dünnere Haare, solltest du nur eine kleine Menge an Haaröl für deine Haarpflege einplanen, da sie ansonsten leicht beschwert sind und sich schnell Ablagerungen bilden können.

Worauf solltest du bei der Wahl des Haaröls achten?

Auch beim Haaröl solltest du darauf achten, dass keine schädlichen Inhaltsstoffe enthalten sind. In vielen Haarölen sind wasserunlösliche Silikone ein Bestandteil, welche du vermeiden solltest.

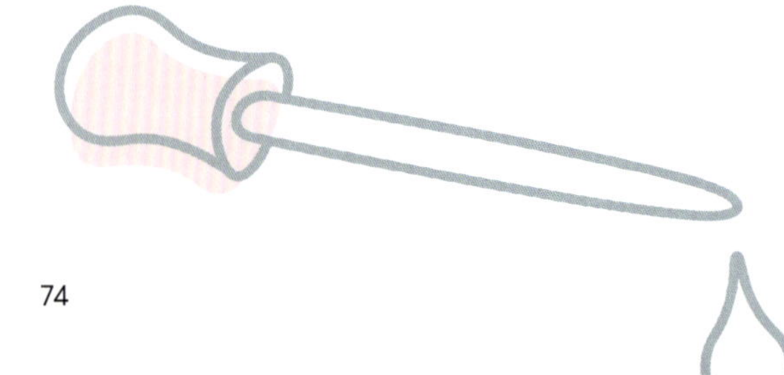

Anwendungsempfehlung

Ein Haaröl kannst du vielfältig verwenden. Ich zeige dir, welche Möglichkeiten du hast:

Pre-Poo

Du verwendest ein Haaröl vor der Haarwäsche, wenn du unter einer sehr trockenen und empfindlichen Kopfhaut leidest.

1. Benetze deine Fingerspitzen mit 1-2 Tropfen Haaröl.
2. Massiere das Haaröl sanft in kreisrunden Bewegungen in deine trockene Kopfhaut ein.
3. Wasche anschließend deine Haare wie gewohnt.

Gel-Cast entfernen

Verwendest du für das Styling deiner Locken ein Haargel, kann mit der Trocknung ein harter Mantel um deine Haare entstehen - der Gel-Cast (siehe Seite 119). Eine Möglichkeit zur Entfernun dieses Gel-Cast besteht in der Nutzung deiner Hände. .

1. Verreibe 1-3 Tropfen Haaröl in deinen Handinnenflächen.
2. Forme deine Hände wie eine Schüssel und lege deine Haare in deine Handinnenflächen.
3. Nun knetest du deine Haare vorsichtig und kontrolliert, bis sie sich weich anfühlen.
4. Arbeite dich von den Haarspitzen bis zum Haaransatz vor.

Spitzenpflege

Haaröl kannst du auch verwenden, um deine Spitzen vor dem Austrocknen zu schützen.

1. Nimm 1-2 Tropfen Öl in deine Finger, so dass sie leicht mit Produkt benetzt sind.
2. Zieh deine noch feuchten Haarspitzen Strähne für Strähne durch deine Finger.

Die Loving Curls Bestenlisten

Strahlende Locken verlangen nach besonderer Pflege, und die Suche nach den perfekten Produkten kann überwältigend sein. Zum Glück ist Loving Curls hier, um dich zu unterstützen! Wir haben Shampoos, Conditioner und Styling-Helfer für lockiges Haar sorgfältig geprüft und empfehlen dir die besten Produkte online – natürlich tagesaktuell gepflegt.

Finde, was deine Locken wirklich brauchen, und verleihe ihnen den Glanz, den sie verdienen. Besuche Loving Curls jetzt und entdecke unsere exklusiven Produktempfehlungen. Weil deine Locken nur das Beste verdienen!

loving-curls.com/bestenlisten

SCANNE DEN QR CODE FÜR WEITERE TIPPS & PRODUKTEMPFEHLUNGEN

Locken-Styling

In diesem Schritt deiner Lockenroutine fixierst du deine Locken mit den geeigneten Produkten und machst sie damit ‚haltbar'. Zu diesen zählen die folgenden Produkte:

Curl Cream

Eine Curl Cream verwendest du, um die Sprungkraft deiner Locken zu aktivieren.

Haarschaum

Du nutzt Haarschaum, wenn du eher feine Haare und eine geringe Haardichte hast. Dadurch erhältst du mehr Volumen.

Haargel

Gel verwendest du, um die Lockenstruktur deiner Haare zu stützen und zu schützen. Es verleiht deinen Haaren Definition und Halt.

Curl Cream (Lockencreme)

Was ist das?

Eine Curl Cream, die auch ‚Lockencreme' genannt werden kann, ist ein beliebtes Haarpflegeprodukt, das speziell für lockiges Haar entwickelt wurde. Sie hat die Hauptaufgabe, deine Haare mit Feuchtigkeit zu versorgen, Frizz zu minimieren und deine Locken zu aktivieren.

Für wen ist eine Curl Cream geeignet?

Eine Lockencreme ist für alle Lockentypen geeignet. Insbesondere zu Beginn der Lockenreise ist sie für die meisten Curlies ein Segen. Allerdings sind viele Curls Creams reichhaltig, da sie neben Wasser oftmals auch Öl und Butter (z. B. Sheabutter) enthalten. Daher können sie bei feinen Haaren sehr schnell zu Build-Up führen. Je dicker deine Haare sind, desto mehr Curl Cream können sie vertragen. Vor allem wenn du eher feine Haare hast oder die Porosität deiner Haare normal ist, solltest du die Curl Cream nur mit Bedacht anwenden. Da die Produkte sehr reichhaltig sind, können sich sehr schnell Ablagerungen – sog. Build-Up – an den Haaren bilden.

Im Allgemeinen ist bei der Lockencreme weniger mehr. Nur eine geringe Produktmenge kann bereits das Lockenbild stark verbessern.

Worauf solltest du bei der Wahl der Curl Cream achten?

Achte bei der Suche nach der geeigneten Curl Cream darauf, dass keine wasserunlöslichen Silikone oder austrocknenden Alkohole enthalten sind, da diese deine Locken auf Dauer austrocknen. Hast du feine Haare, solltest du zudem darauf achten, dass die Inhaltsstoffe nicht all- zu beschwerend sind, so dass du deinen Locken die benötigte Feuchtigkeit zuführen kannst, ohne dass sich direkt Produkt auf deinen Haaren ablagert und diese fettig erscheinen lässt.

Anwendungsempfehlung

Arbeite die Curl Cream nach der Haarwäsche in dein feuchtes Haar ein. Sehr beliebt ist die Applikationstechnik ‚Scrunching', welche ich dir auf Seite 86 im Detail vorstelle.

Die Curl Cream wird innerhalb der Routine gerne nach dem Leave-In Conditioner und vor dem Haargel oder Haarschaum verwendet.

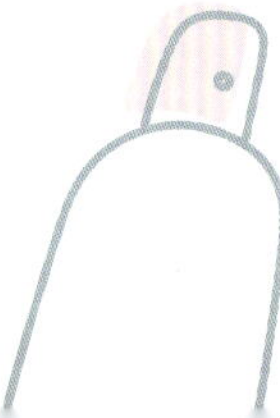

Lockenschaum (Mousse)

Was bewirkt Lockenschaum?

Ein Lockenschaum – auch ‚Mousse' genannt – ist ein beliebtes Haarpflege- bzw. Stylingprodukt, mit dem deine Locken mit Nährstoffen und Feuchtigkeit versorgt ung gleichzeitig fixiert werden. Während ein Lockenschaum meist leichter ist und eine wässrige Grundlage hat, bezeichnet Mousse einen festeren Schaum.

Für wen ist Lockenschaum geeignet?

Er kann für dich geeignet sein, wenn...

- du eher feine Haare hast,
- sich in deinen Haaren schnell Produkt- Rückstände ablagern,
- sich deine Locken schnell aushängen,
- du eher leichte Produkte verträgst,
- du mehr Volumen am Haaransatz haben möchtest.

Doch auch, wenn du sonst eher reichhaltigere Produkte verwendest, kann ein Lockenschaum gelegentlich eine willkommene Abwechslung für deine Haare sein.

Worauf solltest du bei der Wahl des Lockenschaums achten?

Nach der Analyse vieler Produkte und deren Inhaltsstoffe ist ein erschreckendes Ergebnis herausgekommen: Die meisten Mousse beinhalten zum einen wasserunlösliche Silikone und/oder austrocknende Alkohole. Du solltest darauf achten, dass keine schädigenden Inhaltsstoffe enthalten sind, die deine Locken auf Dauer noch weiter austrocknen können. Dazu zählen:

- austrocknende Alkohole,
- wasserunlösliche Silikone,
- schädliche Sulfate.

Anwendungsempfehlung

Ein Lockenschaum ist vielfach einsetzbar. Im Allgemeinen wird eine Mousse immer auf die feuchten Haare aufgetragen.

Fixierung der Locken

Sofern deine Locken nur wenig Halt bedürfen, kannst du diesen mit einer Mousse erreichen.

1. Verteile den Lockenschaum in deinen Handinnenflächen.
2. Benetze deine Haare vollständig mit dem Lockenschaum. Hierfür kannst du beispielsweise die Praying Hands Methode verwenden.
3. Knete anschließend deine Locken von den Spitzen in Richtung Haaransatz, um eine Bündelung der Locken zu erreichen. Das sog. Scrunching erläutere ich dir auf Seite 86.

Volumen am Haaransatz

Verwende einen Lockenschaum, um Volumen am Haaransatz zu verstärken.

1. Nimm etwas Lockenschaum in deine Handinnenfläche.
2. Verteile diesen auf den noch feuchten Haaransatz.
3. Hebe deinen Haaransatz vorsichtig mit deinen Fingern oder einem Lockenpick an.
4. Du kannst deinen Haaransatz optional auch mit Clips anheben (Medusa Clipping), so dass dieser während des Trocknens hochgehalten wird.

LOCKENBUCH.DE/00035

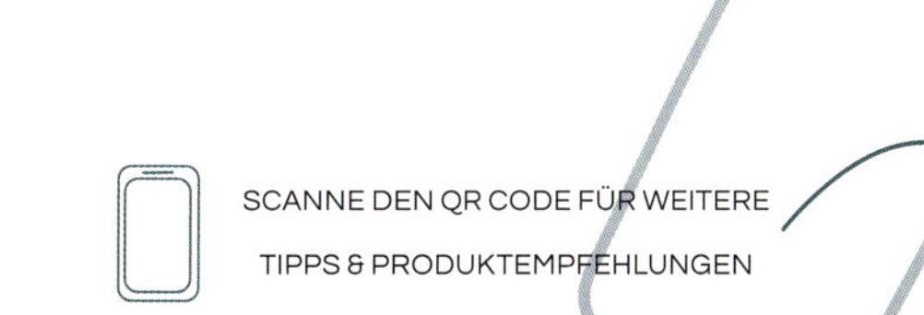

Haargel

Der Finish deines Waschtags kann ein gutes Haargel sein, denn es schützt die Struktur deiner Locken.

Was bewirkt Haargel?

Haargel ist perfekt geeignet, um deine Locken nach der Haarpflege zu fixieren und zu schützen. Seine Inhaltsstoffe sind (neben Wasser) vor allem filmbildende Inhaltsstoffe, die sich um deine Locken legen und dem Haar Halt geben.

Für wen ist Haargel geeignet?

Haargel kann fast jeder Lockentyp anwenden, um die Locken ‚haltbar' zu machen. Solltest du eher feine Haare haben, könnte ein Haargel mit leichten Inhaltsstoffen die richtige Wahl für dich sein.

Worauf solltest du bei der Wahl des Haargels achten?

Damit das Haargel deine Locken nicht schädigt, solltest du darauf achten, dass keine wasserunlöslichen Silikone und austrocknende Alkohole enthalten sind. Sind deine Haare dick und kräftig oder hast du eine hohe Haardichte, kannst du ein Haargel mit reichhaltigeren Inhaltsstoffen wie Olivenöl verwenden. Hast du feine Haare, achte darauf, dass du ein Haargel mit leichteren INCIs nutzt.

Mein Tipp

Für einen ausgeglichenen Anteil an feuchtigkeitsspendenden Inhaltsstoffen und Proteinen kannst du zwei unterschiedliche Haargele verwenden, die du nacheinander ins Haar arbeitest – so können sich diese sehr gut ergänzen.

DON'T: Kämme deine Haare nicht im trockenen Zustand

Bitte wie? Ich soll meine Haare nicht mehr kämmen? Ja genau, du hast richtig verstanden. Kämme deine Haare nicht mehr – zumindest nicht im trockenen Zustand. Denn dabei können deine Haare brechen oder aber auch schlichtweg die definierten Locken zerstört werden.

DO: Entwirren im nassen Zustand

Sind deine Haare mit ausreichend Feuchtigkeit versorgt, kannst du sie dir unter der Dusche mit den Fingern entwirren. Gelingt dir das nicht, kannst du eine geeignete Bürste verwenden, um deine Haare vorsichtig im nassen Zustand zu entwirren. Doch beachte unbedingt: Nass sind deine Haare sehr empfindlich, sei daher wirklich sehr vorsichtig!

Anwendungsempfehlung

Haargel wird üblicherweise im letzten Schritt in die feuchten oder nassen Haare eingearbeitet. Es gibt verschiedene Styling- und Applikationstechniken, mit denen du das Gel in deine Locken einarbeiten kannst. Eine mögliche Anwendung ist die folgende:

1. Verreibe dein Haargel in deinen Handinnenflächen.
2. Arbeite das Gel mit glatten Handflächen mit der Praying Hands Methode (Seite 84) vom Haaransatz bis in die Spitzen.
3. Kämme deine Haare mit einer Stylingbürste im 90° Winkel zum Kopf, da dies deinen Haaransatz hebt und mehr Volumen verleiht. Durch die Stylingbürste bündeln sich die Locken zudem gut.
4. Nimm anschließend die Haare in die Handinnenflächen und knete sie in Richtung Haaransatz – sog. Scrunching.
5. Berühre deine Haare während des Trocknens nicht, um Frizz zu vermeiden.

Welche Routine passt zu dir?

Nun habe ich dir ganz viel über die einzelnen Pflege- und Stylingprodukte verraten, die dir zur Verfügung stehen. Machen wir uns nun also auf den Weg, die für dich passende Routine zu finden.

Im folgenden Abschnitt stelle ich dir mögliche Haarpflegeroutinen vor, die auf verschiedene Haarzustände zugeschnitten sind. Dieser Wegweiser soll dir helfen, die richtige Routine für dich zu finden und so das Beste aus deinem Haar herauszuholen, seine Gesundheit zu verbessern und es strahlen zu lassen.

Deine Locken benötigen ein ausgewogenes Verhältnis von Feuchtigkeit und Proteinen. Hierbei musst du das passende Verhältnis für dich finden, es können auch weniger Proteine und mehr feuchtigkeitsspendende Inhaltsstoffe sein.

Was solltest du über deine Haare wissen, um die richtige Routine für dich zu finden?

- Haartyp (nachrangig, Seite 15)
- Porosität (Seite 22)
- Haarstärke (Seite 28)
- Haardichte (Seite 32)

LOCKENBUCH.DE/00036

SCANNE DEN QR CODE FÜR WEITERE TIPPS & PRODUKTEMPFEHLUNGEN

Routine für kräftige, hoch poröse, lockige Haare

Integriere diese INCIs in deine Routine

Routine für kräftige, gering poröse, lockige Haare

Integriere diese INCIs in deine Routine

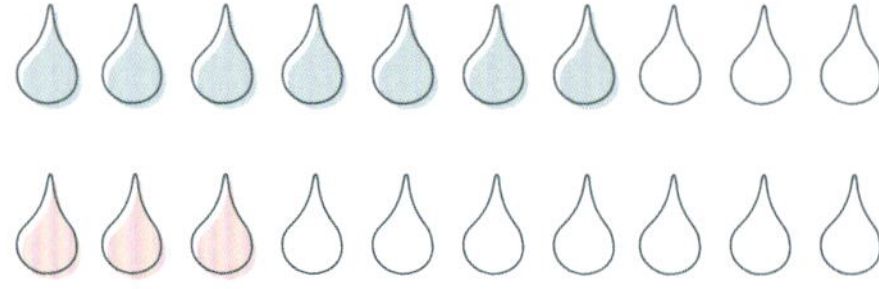

LCGGO-Methode
(Leave-In Conditioner – Curl Cream – Gel – Gel – Öl)

1. Reinige deine Haare und Kopfhaut wahlweise mit einem Shampoo oder einem Co-Wash.
2. Verwende einen Conditioner, der feuchtigkeitsspendende INCIs und auch Proteine enthält.
3. Arbeite einen Leave-In Conditioner in deine Haare ein. So stellst du sicher, dass deine Haare die nötige Pflege erhalten.
4. Nun verwendest du eine Curl Cream, die auch reichhaltigere INCIs enthalten kann.
5. Anschließend sorgst du mit zwei Haargelen dafür, dass deine Locken definiert und ‚haltbar' gemacht werden.
6. Mit Haaröl knetest du den Gel-Cast aus und sorgst für geschmeidige weiche Locken.

MGM-Methode
(Mousse – Gel – Mousse)

1. Du befreist deine Haare mit einem milden Shampoo von Build-Up., wobei dieser Schritt optional ist. Probiere auch aus, nur bei jedem zweiten oder dritten Waschgang ein Shampoo zu verwenden.
2. Du fügst deinen Locken die feuchtigkeitsspendende Pflege mit einem Conditioner zu .
3. Das Styling besteht aus drei Schritten. Du arbeitest zunächst einen Lockenschaum (Mousse) in deine Haare ein und verleihst ihnen damit Volumen und Definition.
4. Anschließend sorgst du bei deinen kräftigen Haaren mit dem entsprechenden Haargel für definierte Bündelungen und ein haltbares Ergebnis.
5. Das Einarbeiten von Mousse im letzten Schritt des Stylings sorgt neben Volumen vor allem für das Minimieren von Frizz.

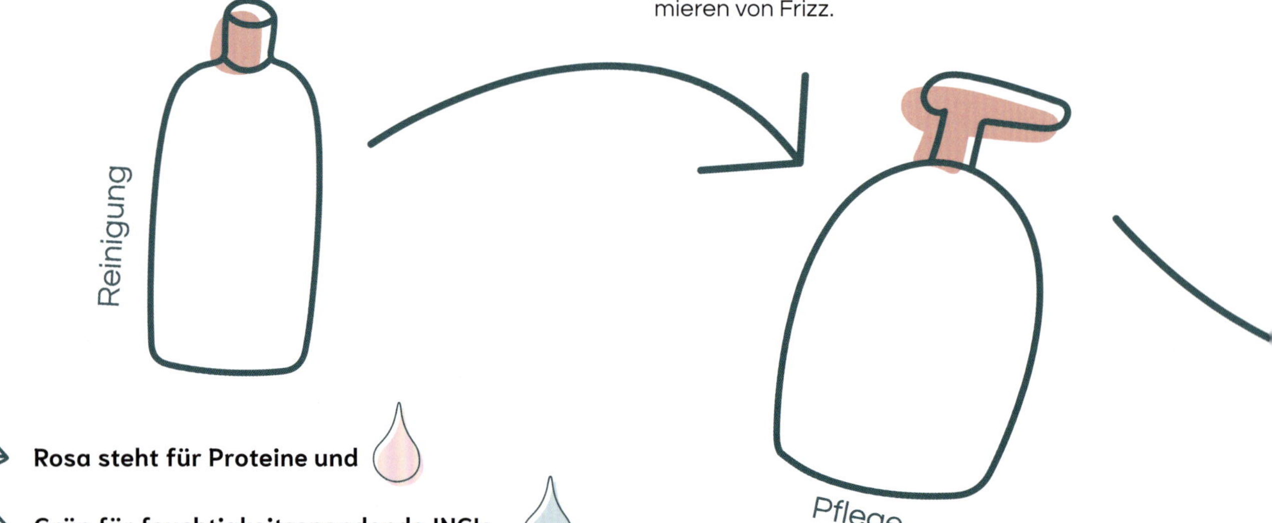

→ **Rosa steht für Proteine und**

→ **Grün für feuchtigkeitsspendende INCIs.**

Routine für feine, hoch poröse, wellige Haare

Integriere diese INCIs in deine Routine

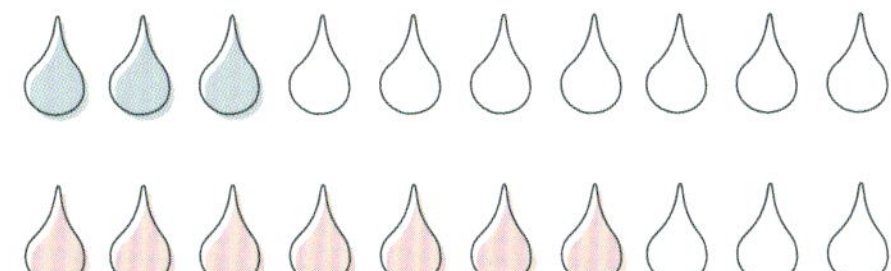

LMG-Methode (Leave-In Conditioner – Mousse – Gel)

1. Nutze ein mildes Shampoo (zur Reinigung deiner Kopfhaut).
2. Verwende einen Conditioner, der feuchtigkeitsspendende INCIs und auch Proteine enthält.
3. Arbeite einen Leave-In Conditioner in deine Haare ein, der leichte Inhaltsstoffe und Proteine enthält. So stellst du sicher, dass deine Haare die nötige Pflege erhalten, ohne beschwert zu werden.
4. Im ersten Schritt des Stylings verleiht eine Mousse deinen Haaren Volumen und gibt ihnen leichten Halt.
5. Anschließend sorgst du mit einem Haargel dafür, dass deine Wellen ihre Definition behalten.

Routine für feine, normal poröse, krause Haare

Integriere diese INCIs in deine Routine

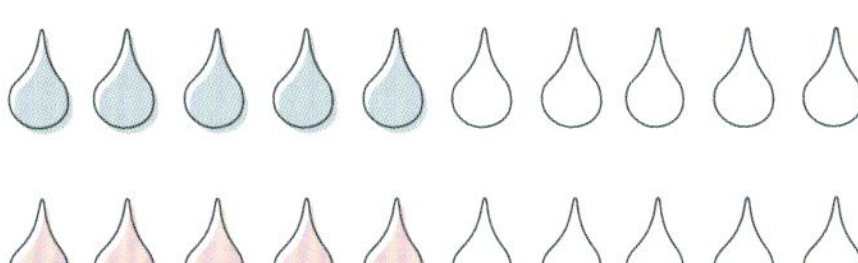

LOC-Methode (Leave-In-Conditioner – Haaröl – Curl Cream)

1. Befreie deine Haare regelmäßig mit einem milden Shampoo von Schmutz und Build-Up.
2. Schließe die durch das Waschen mit einem Shampoo geöffnete Schuppenschicht deiner Locken mit einem geeigneten Conditioner.
3. Arbeite anschließend einen Leave-In Conditioner in deine nassen Haare ein, wodurch du sie sehr gut mit Feuchtigkeit versorgst.
4. Haaröl nutzt du, um die Feuchtigkeit in deinen Haaren zu halten. Je nach Beschaffenheit deiner Locken reicht es bereits aus, das Haaröl in die Spitzen einzuarbeiten.
5. Die Curl Cream stellt den letzten Schritt deiner Routine dar. Sie sorgt für extra Glanz und Pflege.

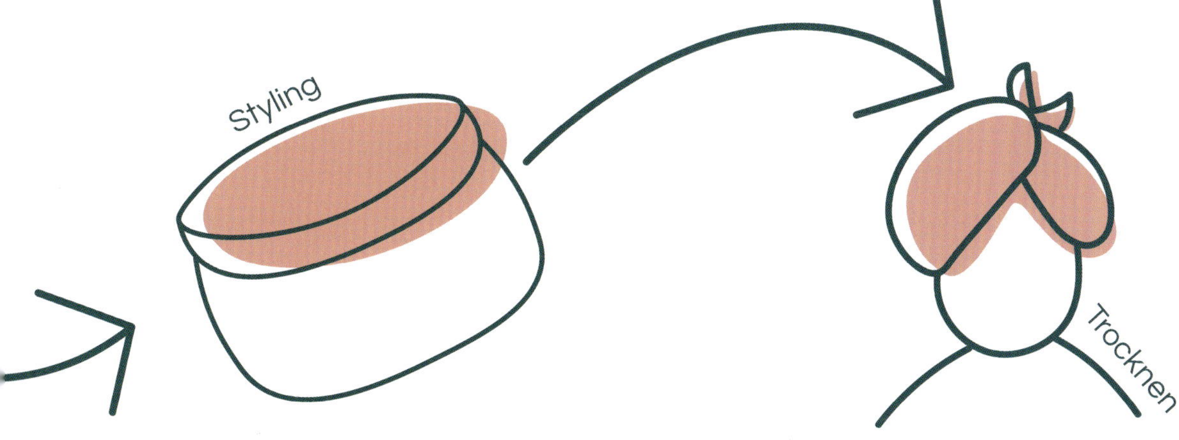

Abb. 33: Haarpflege-Routine

LOCKENBUCH.DE/00037

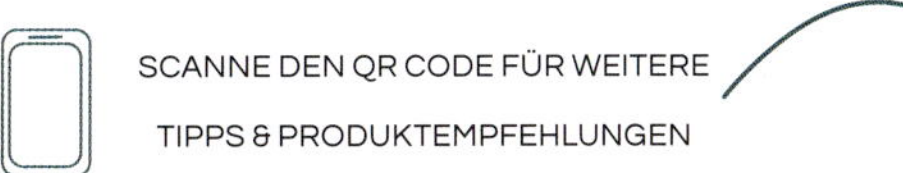

SCANNE DEN QR CODE FÜR WEITERE TIPPS & PRODUKTEMPFEHLUNGEN

06 Wasch-, Applikations- & Styling-Techniken

Nicht nur die Produkte, mit denen du deine Haare pflegst, sind für dein Locken-Ergebnis verantwortlich. Entscheidend ist auch die Art und Weise, wie du die Produkte in deine Haare einarbeitest sowie der Zeitpunkt während deines Wasch- und Trocknungsvorgangs, an dem du die Produkte verwendest.

Im vorigen Kapitel haben wir uns der Wahl der richtigen Produkte gewidmet. Doch neben der Anwendung der zu dir passenden Produkte, solltest du auch der Art und Weise, wie du deine Haare wäschst, aber auch wie du deine Haarpflege- und Stylingprodukte in die Haare einarbeitest, von großer Bedeutung. Es gibt jedoch auch eine Vielzahl an Kombinationsmöglichkeiten dieser Techniken. Und genau diesem Thema widmen wir uns in diesem Kapitel.

Ich zeige dir...

- Methoden, wie du Pflegeprodukte während der Haarwäsche in dein nasses Haar einarbeitest,
- Techniken, deine Stylingprodukte nach dem Waschen in dein Haar zu bringen,
- und Kombinationsmöglichkeiten deiner Styling-Routine.

Gleich vorweg:
Es gibt nicht DIE eine richtige Methode, die für jeden Lockenkopf gleichermaßen die perfekten Ergebnisse liefert. Vielmehr geht es darum, dass du nun testest, welche Methoden und Techniken für deine Haare gut sind. Doch selbst wenn du die richtige Routine für dich gefunden hast, können immer wieder verschiedene Faktoren wie trockene Heizungsluft oder deine Hormone das Ergebnis beeinflussen. Teste daher auch mit den gleichen Produkten unterschiedliche Styling-Methoden.

LOCKENBUCH.DE/00038

SCANNE DEN QR CODE FÜR WEITERE TIPPS & PRODUKTEMPFEHLUNGEN

Applikations-Techniken, die du kennen solltest

Praying Hands Methode

Für wen ist sie geeignet?

Die Praying Hands Methode ist für dich geeignet, um Pflege- oder Stylingprodukte in deine Haare einzuarbeiten und dabei deine Locken bzw. die Schuppenschicht eher glätten willst. Deine Locken können sich mit dieser Technik sehr gut bündeln.

Wie funktioniert die Methode?

Praying Hands Methode bedeutet auf deutsch ‚Betende Hände Methode'. Sie wurde so benannt, weil du deine Pflege- oder Stylingprodukte mit flachen Handflächen – ähnlich wie beim Beten – in deinen Haaren verteilst.

1. Verteile das Produkt deiner Wahl in deinen Handinnenflächen.
2. Lege deine Haarsträhne anschließend in die ausgestreckte Handfläche und lege die Handfläche deiner anderen Hand so darauf, als würdest du beten.
3. Nun streichst du deine Hände langsam vom Haaransatz oder der Haarmitte bis zu den Spitzen.

Weshalb verwendest du diese Methode?

Die Praying Hands Methode verwendest du, um deine Haarpflegeprodukte so in deine Haare einzuarbeiten, dass deine Locken sich selbst bündeln können. Ein weite- rer Vorteil ist, dass du die Haarstruktur besänftigst und somit Frizz vorbeugen kannst.

Wann verwendest du die Methode?

Du kannst die Praying Hands Methode zu vielen Zeitpunkten in deine Pflegeroutine integrieren, zum Beispiel beim Einarbeiten des Conditioners in deine nassen Haare, dem Einarbeiten des Leave-In Conditioners oder aber auch der Curl Cream in die feuchten Haare. Doch auch im trockenen Haar kannst du die Praying Hands Methode anwenden: Zum Ausarbeiten des Gel-Casts oder aber beim Refresh.

Raking Hands Methode

Für wen ist sie geeignet?

Die Raking Hands Methode ist für alle geeignet, die ihre Pflege- oder Stylingprodukte gleichmäßig in ihren Haaren verteilen wollen.

Wie funktioniert die Methode?

Das Wort Raking kommt aus dem Englischen und bedeutet ‚Harken'. Um Produkt in deine Haare zu verteilen, harkst du also entsprechend mit deinen Fingern durch deine Locken.

1. Du verteilst das Pflege- oder Stylingprodukt in den Innenflächen deiner Finger.
2. Krümme deine Finger um 90° und harke anschließend von der Haarmitte in Richtung der Spitzen deiner Haare. Zum einen entwirrst du dadurch deine Haare, zum anderen wird das Pflegeprodukt sehr gut in die Locken eingearbeitet und die Locken bündeln sich dabei fast von allein.

Weshalb verwendest du diese Methode?

Du verwendest diese Methode primär aus zwei Gründen: Mit der Raking Hands Methode kannst du deine Haare zum einen sanft entwirren, zum anderen ermöglicht sie dir, Produkte gleichmäßig in die Haare einzuarbeiten, so dass du hierbei zugleich eine Bündelung erzeugst.

Wann verwendest du die Methode?

Mit der Raking Hands Methode kannst du deine Haare mit Hilfe eines Conditioners beim Haarewaschen entwirren. Auch beim Einarbeiten des Leave-In Conditioners wird die Raking Hands Methode sehr gern verwendet. Beim Styling (z. B. mit einem Haargel) kannst du mit der Raking Hands Methode deine Haare gut bündeln.

LOCKENBUCH.DE/00039

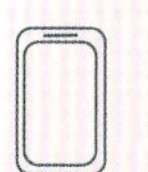

SCANNE DEN QR CODE FÜR WEITERE TIPPS & PRODUKTEMPFEHLUNGEN

Scrunching

Für wen ist es geeignet?

Die Methode des Scrunching ist sehr gut dafür geeignet, Volumen und extra Definition der Locken zu bewirken, was besonders bei feinem Haar sehr hilfreich sein kann. Dies ist unabhängig vom Haartyp.

Wie funktioniert die Methode?

Scrunching ist die Geheimwaffe für schöne Bündelungen deiner Locken.

1. Als erstes wäschst du dein Haar nach Belieben.
2. Nun verteilst du das Stylingprodukt deiner Wahl (z. B. Haargel) in deinen Handinnenflächen.
3. Du krümmst deine Hand zu einer Schüssel.
4. Anschließend legst du vorsichtig einzelne Haarsträhnen, die feucht oder nass sein sollten, in deine Handinnenfläche, also in deine Handschüssel und bewegst deine Hand in Richtung Haaransatz.

Warum solltest du deine Locken scrunchen?

Wasser hat Gewicht, weshalb sich deine Locken aushängen können, wenn sie nass sind. Daher kann Scrunching dabei helfen, deine Locken zu definieren und die Sprungkraft deiner Haare beim Styling wiederherzustellen, indem du sie beim Scrunching anhebst.

Wann scrunchst du?

Diese Methode kannst du an vielen Punkten der Routine verwenden. Du kannst deine Haare während der Haarwäsche scrunchen, z. B. während du den Conditioner auswäschst.

Scrunch and Pulse

Eine Erweiterung des Scrunching ist das ‚Scrunch and Pulse', bei dem du deine Haare am höchsten Punkt des Scrunching noch einmal mit vorsichtigen pulsierenden Handbewegungen zusammendrückst.

Mein Tipp

Du weißt, dass du ausreichend Produkt und Feuchtigkeit im Haar hast, wenn deine Haare beim Scrunch and Pulse regelrecht schmatzen und sich so glibberig wie Seetang anfühlen.

LOCKENBUCH.DE/00040

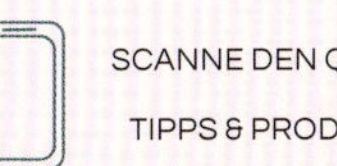
SCANNE DEN QR CODE FÜR WEITERE
TIPPS & PRODUKTEMPFEHLUNGEN

Roping

Für wen ist es geeignet?

Roping ist die richtige Technik für dich, wenn du bereits gute Locken-Bündelungen hast und diese beim Einarbeiten des Produkts nicht aufbrechen willst. Sie ist besonders für Curlies mit dickeren Haaren geeignet.

Wie funktioniert die Methode?

Roping ist das englische Wort für ‚Abseilen' und diese Bewegung kannst du dir auch bei der Einarbeitung von Produkten vorstellen.

1. Wasche deine Haare wie gewohnt.
2. Verteile das Produkt deiner Wahl in deinen Handinnenflächen.
3. Nimm eine bereits natürlich erzeugte Bündelung deiner tropfnassen Haare in die Hand.
4. Führe nun deine Hand pulsierend vom Haaransatz in Richtung Haarspitzen. Drücke dabei vorsichtig das Produkt in die Haare ein, ähnlich, als wenn du dich an einem Seil abseilen würdest.

Warum solltest du diese Technik anwenden?

Diese Technik ist sehr gut geeignet, um deine Lockenbündelungen mit Haarstylingprodukten zu versorgen. Im besten Fall hast du bereits gut gebündelte Locken und kannst ihnen mit dieser Technik schnell und unkompliziert Haarpflege- oder Stylingprodukte zukommen lassen.

Shingling Methode

Für wen ist sie geeignet?

Die Shingling Methode ist für dich geeignet, wenn du beim Styling dafür sorgen willst, dass deine Haare entwirrt sind, sich keine Knoten bilden und du möglichst wenig Frizz bekommst. Vor allem für Lockenköpfe mit sehr dicken, krausen Haaren ist diese Methode bestens geeignet.

Wie funktioniert die Methode?

Die Shingling Methode hilft dir, deine Haare natürlich zu trennen, so dass du deine Locken in kleineren Bündelungen stylst.

1. Nach der Haarwäsche unterteilst du deine Haare in Partien.

2. Du arbeitest Strähne für Strähne deine Haarpflege, zum Beispiel einen Leave-In Conditioner, in die Haare, indem du die Strähne von der Haarwurzel bis zu den Haarspitzen lang ziehst.

Warum solltest du diese Technik anwenden?

Shingling ist gut geeignet, um möglichst kleinteilige Lockenbündelungen zu erzeugen, die gewissenhaft mit Haarpflege- oder Stylingprodukten versorgt sind. Du sorgst mit dieser Methode dafür, dass Frizz reduziert wird.

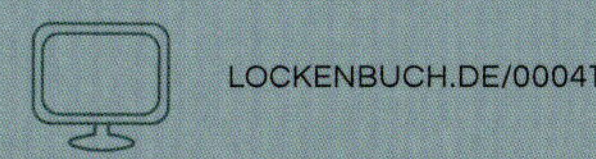
LOCKENBUCH.DE/00041

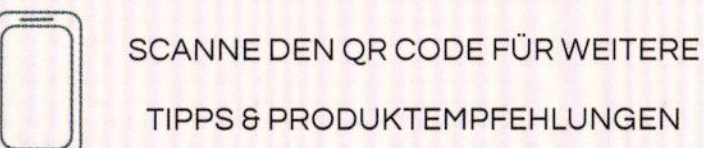
SCANNE DEN QR CODE FÜR WEITERE TIPPS & PRODUKTEMPFEHLUNGEN

Wasch-Methoden

Haare waschen ist nicht gleich Haare waschen. Es gibt einige Wasch-Methoden, die dafür bekannt sind, deine Haare mit dem Extra an Feuchtigkeit zu versorgen. Und diese sind insbesondere für trockene Locken bestens geeignet.

Bowl Methode

Für wen ist die Bowl Methode geeignet?

Die Bowl Methode ist für dich geeignet, wenn du deine Haare mit einem Maximum an Feuchtigkeit versorgen und Frizz minimieren willst. Zugleich kannst du hiermit mehr Volumen erzeugen. Sie eignet sich auch hervorragend bei dickeren, sehr lockigen Haaren.

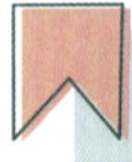

Gut zu wissen

Beachte, dass das Trocknen deiner Haare bei dieser Methode sehr lange dauern kann. Ich empfehle sie dir daher nur an einem Waschtag mit ausreichend Zeit.

Wie funktioniert die Methode?

Mit der Bowl Methode arbeitest du deinen Conditioner mit viel Wasser in deine Haare ein, so dass sie sehr gut mit Feuchtigkeit versorgt werden. Du wendest sie in Kombination mit der Squish to Condish Methode an, die ich dir auf Seite 92 im Detail erkläre.

1. Nimm eine größere Schüssel, in der du deinen Kopf platzieren kannst.
2. Nachdem du deine Haare zunächst von Schmutz befreit hast, arbeitest du deinen Conditioner zunächst nach der Squish to Condish Methode in die Haare ein.
3. Du lässt anschließend ein wenig Wasser durch deine Haare laufen und arbeitest deinen Conditioner währenddessen weiter in die Haare ein. Dabei fängst du das Wasser mit der Schüssel auf. Hier befindet sich nun ein Conditioner-Wasser-Gemisch.
4. Du hältst deine Haare nun kopfüber in die Schüssel und arbeitest das Conditioner-Wasser-Gemisch wieder mit pulsierenden Bewegungen in die Haare ein.
5. Diesen Schritt wiederholst du mehrere Male. Lass erneut Wasser über deine Haare laufen und knete es weiter ein. Du erkennst, dass du ausreichend gesquisht hast, indem deine Locken sich selbst bündeln. Nun kannst du vorsichtig das Wasser aus deinen Haaren squishen.

Wann solltest du diese Methode anwenden?

Diese Methode solltest du unbedingt anwenden, wenn du das Gefühl hast, dass deine Haare mit mehr Feuchtigkeit versorgt werden sollten. Insbesondere in den Übergangsmonaten zum Herbst und Winter gibt die Bowl Methode deinen Haaren einen absoluten Feuchtigkeitsboost.

LOCKENBUCH.DE/00042

SCANNE DEN QR CODE FÜR WEITERE TIPPS & PRODUKTEMPFEHLUNGEN

Squish to Condish

Für wen ist es geeignet?

Squish to Condish ist für dich geeignet, wenn du deine Haare während des Waschens mit Feuchtigkeit versorgen, deine Lockenstruktur aktivieren und die Lockenbündelung gleichzeitig verstärken willst.

Wie funktioniert die Methode?

Bei dieser Methode arbeitest du den Conditioner ins triefend nasse Haar ein und spülst ihn schrittweise mit Wasser aus.

1. Reinige deine Haare/Kopfhaut wie gewohnt.
2. Benetze deine Haare über Kopf mit Wasser, sodass sie triefend nass sind.
3. Verteile Conditioner in deinen Handinnenflächen und forme deine Hände zu Schüsseln.
4. Lege deine Haare in deine Handinnenflächen und arbeite den Conditioner von den Haarspitzen ausgehend pulsierend in Richtung des Haaransatzes ein. Gehe dabei vorsichtig und nicht zu schwungvoll vor, damit die Bündelungen nicht wieder auseinanderbrechen.
5. Lass nun etwas Wasser durch deine Haare laufen und arbeite das Produkt weiter mit pulsierenden Bewegungen in deine Haare ein. Du erkennst, dass du ausreichend gesquisht hast, wenn deine Locken sich sehr gut bündeln.

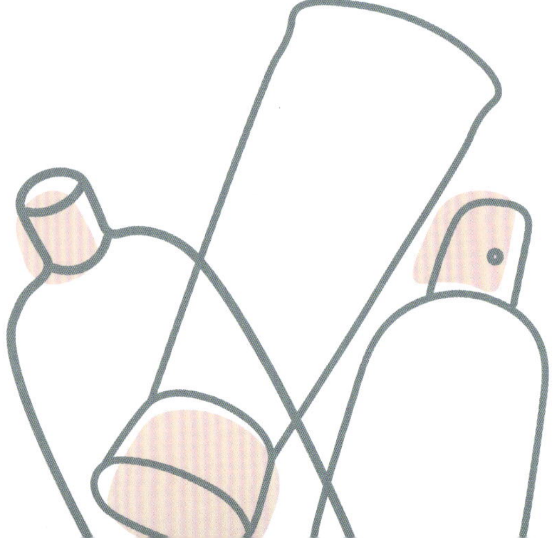

Tipps für den Umgang mit nassen Haaren

Der Umgang mit deinen Locken, wenn sie nass sind, ist besonders wichtig, da sie in diesem Zustand sehr fragil sind und schnell brechen können. Im Folgenden findest du umfassende Informationen darüber, wie du deine Locken im nassen Zustand richtig behandelst.

Warum ist das Haar im nassen Zustand so fragil?

Wenn das Haar nass ist, werden die Wasserstoffbrücken gelöst und es verliert viel von seiner natürlichen Elastizität und Festigkeit. Das macht es anfälliger für Haarbruch und Schäden.

Tipps für den Umgang mit nassen Haaren

Schonendes Entwirren: Du kannst deine Locken sehr gut im nassen Zustand entwirren. Dies sollte aber sehr sanft erfolgen, damit kein unerwünschter Effekt wie Haarbruch eintritt.

Nutze einen Conditioner: Verwende für das Entwirren nach der Haarwäsche unbedingt einen Conditioner. Dieser erleichtert das Entwirren, da er dafür sorgt, dass sich die Schuppenschicht deiner Haare wieder anlegt und du somit leichter durch dein Haar gleiten kannst.

Raking mit den Fingern: Die beste Methode, um deine nassen Locken zu entwirren, ist das Raking mit deinen Fingern. Alternativ kannst du auch einen grobzinkigen Kamm oder ein spezielle Entwirrungsbürste verwenden.

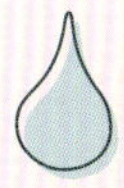

Arbeite in Sektionen: Teile dein Haar in kleinere Abschnitte und arbeite dich vorsichtig ausgehend von den Spitzen vor. Zuerst entwirrst du die Haarspitzen, wanderst dann rund 5 cm weiter hoch und entwirrst wieder in Richtung der Haarspitzen. Zum Schluss kannst du vom Haaransatz in Richtung Haarspitzen entwirren, ohne dass deine Haare brechen.

Triefend nasse Haare mit Pflege versorgen: Locken sind grundsätzlich sehr trocken, weshalb die meisten Curlies dafür sorgen müssen, dass ihre Locken mit Feuchtigkeit versorgt werden. Viele Lockenköpfe machen gute Erfahrungen damit, Pflegeprodukte in ihre triefend nassen Haare einzuarbeiten und sie anschließend zu stylen.

Zügiges Trocknen: Deine Locken sind im nassen Zustand vollgesogen mit Wasser, ihre Haarstruktur ist dabei aufgequollen. Nach dem Waschen und Stylen sollten sie daher wieder möglichst zügig trocknen. Ich rate dir daher, eine Tiefenpflege nicht über Nacht einwirken zu lassen. Denn dadurch wird erzwungen, dass deine Haare unnatürlich lange nass bleiben.

LOCKENBUCH.DE/00043

SCANNE DEN QR CODE FÜR WEITERE TIPPS & PRODUKTEMPFEHLUNGEN

Styling-Techniken für lockige Haare

Bevor ich dir hier einige empfehlenswerte Techniken zeige, möchte ich dir noch etwas mit auf den Weg geben: Es gibt kein richtig oder falsch, wenn es zum Styling deiner Haare kommt.

Weshalb das?

Kein anderer Lockenkopf hat genau DEINE Haare und deshalb liegt es an dir, zu testen, wie sie auf die verschiedenen Styling-Techniken reagieren.

Wet Plopping

Was ist das?

Feuchtigkeit ist das A und O für deine Locken. Durch das Wet Plopping können deine feuchtigkeitsspendenden Pflegeprodukte tiefer in deine Haare eindringen.

Für wen ist es geeignet?

Für alle Curlies, insbesondere mit feinen, hoch porösen Haaren (siehe Seite 25), die maximal Pflege aufnehmen sollen, ohne beschwert zu werden.

Wie funktioniert die Methode?

1. Du wäscht deine Haare wie gewohnt.
2. Anschließend arbeitest du deine Pflegeprodukte wie den Leave-In Conditioner in dein tropfnasses Haar ein.
3. Nun stülpst du eine Duschhaube über deine Haare und lässt die Pflege rund 10-15 Minuten einwirken.
4. Anschließend stylst du deine Haare wie gewohnt.

Mein Tipp

Eine zusätzliche Pflegewirkung kannst du mit Wärme erzielen. Hierfür kannst du ein zuvor angewärmtes Handtuch über deine Duschhaube stülpen. Alternativ gibt es auch speziell hergestellte Thermo-Duschhauben.

LOCKENBUCH.DE/00044

SCANNE DEN QR CODE FÜR WEITERE TIPPS & PRODUKTEMPFEHLUNGEN

Plopping Methode

Für wen ist sie geeignet?

Die Plopping Methode ist für dich geeignet, wenn sich deine Haare normalerweise bereits aushängen, bevor deine Haare getrocknet sind. Durch das Ploppen wird deine Lockenstruktur verstärkt, weil deinen Haaren direkt nach dem Styling die überschüssige Feuchtigkeit entzogen wird.

Wie lange solltest du die Methode anwenden?

Das kommt ganz darauf an, was deine Locken am besten vertragen. So gibt es einige Lockenköpfe, die nur wenige Minuten ploppen, andere lassen die Haare die gesamte Nacht ploppen, so dass die Locken am nächsten Morgen nur noch ganz leicht feucht sind.

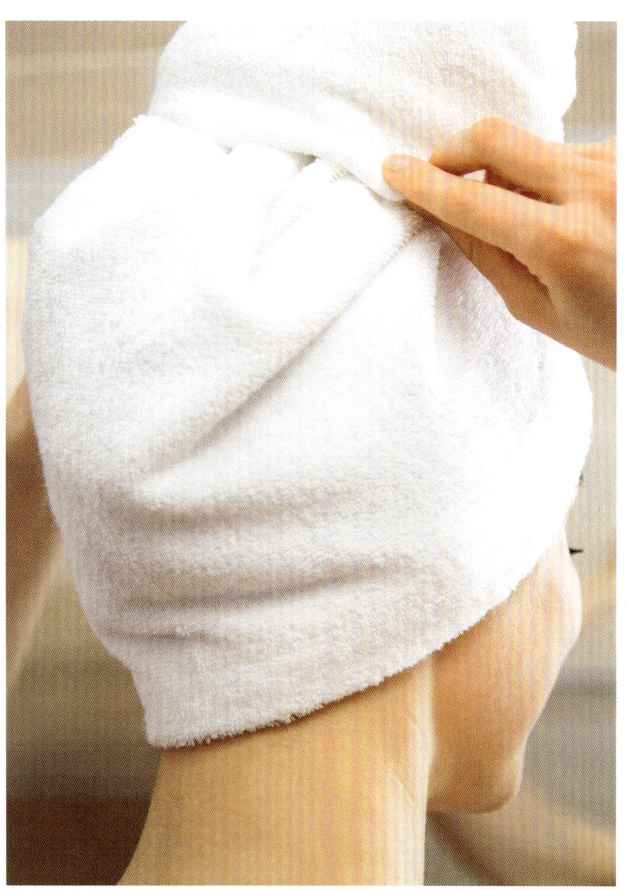

Wie funktioniert die Methode?

Neben deinen frisch gewaschenen Haaren brauchst du nur noch ein (weiches) Langarm-Shirt aus Baumwolle oder einen Mikrofaser-Turban.

1. Du wäschst deine Haare wie gewohnt und arbeitest deine Pflege- und Stylingprodukte in deine Haare ein.
2. Nimm den Mikrofaser-Turban und breite ihn mit der schmalen Seite zu dir gerichtet auf einem Tisch aus. Verwendest du ein Langarmshirt, zeigt der Kopfausschnitt in deine Richtung.
3. Platziere deine Haare kopfüber vorsichtig in den großen Teil des Turbans bzw. in der Mitte des T-Shirts. Achte darauf, dass deine Locken aufeinander liegen, so dass sie durch den Turban nicht langgezogen werden.
4. Stülpe den hinteren Teil des Turbans oder Shirts über deine Haare bis zum Nacken.
5. Drehe die schmale Seite des Turbans ein und fixiere ihn. Das Shirt drehst du so lange ein, bis das Ende an deiner Stirn liegt. Die Ärmel verknotest du so, dass das Shirt deine Haare auf dem Kopf fixiert.

DON'T: Schneide deine Haare nicht selbst

Auch wenn du online so einige Anleitungen findest, wie du deine Haare selbst schneiden kannst, solltest du dies nicht tun. Dafür gibt es mehrere Gründe: Zum einen hast du wahrscheinlich nicht das nötige Fachwissen, um deine Haare richtig schneiden zu können und zum anderen fehlt dir wahrsceinlich das richtige Werkzeug dafür.

DO: Gehe zum Lockenfriseur

Auch wenn du es möglicherweise jetzt noch anders siehst, rate ich Dir: Wenn du deine Locken ab jetzt gesund pflegst, dann ist der Schritt zum Friseur, der weiß wie er Locken schneiden muss, wirklich alle paar Monate sinnvoll. Auf Loving-Curls.com findest du übrigens viele Friseur-Empfehlungen von anderen Curlies – mit Sicherheit auch in deiner Region!

LOCKENBUCH.DE/00045

SCANNE DEN QR CODE FÜR WEITERE TIPPS & PRODUKTEMPFEHLUNGEN

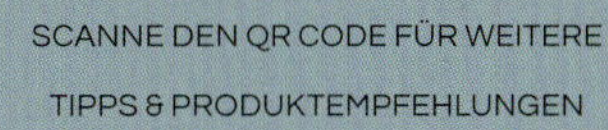

Brush Styling: Definition mit einer Stylingbürste

Für wen ist Brush Styling geeignet?

Das Styling mit einer Stylingbürste ist für dich geeignet, wenn du definierte Locken mit einer besseren Bündelung wünschst. Durch den Einsatz kannst du zudem bereits beim Styling dafür sorgen, dass Frizz minimiert wird.

Mein Tipp

Du kannst die Bürste optional auch andersrum verwenden, so dass du deine Haare um den Bürstenschaft eindrehst. Der Vorteil hierbei ist, dass deine Haare leichter von der Bürste gleiten.

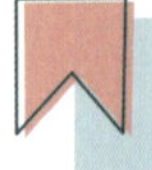

Merke dir

Achte bei der Wahl der Stylingbürste darauf, dass sie Stifte ohne Kopf hat, so dass deine Locken leicht durchgleiten können, ohne zu verknoten.

Wie funktioniert die Methode?

Du verwendest eine Stylingbürste nachdem du deine Haare gewaschen und deine Pflege eingearbeitet hast.

1. Entwirre deine Haare, indem du sie Strähne für Strähne kämmst. Fange dabei an den Spitzen an und arbeite dich in Richtung Haaransatz vor.
2. Nimm nun eine Strähne und arbeite zunächst dein Stylingprodukt (z. B. Haargel) ein.
3. Anschließend platzierst du die Bürste am Haaransatz und gleitest durch die Strähne.
4. Am unteren Drittel der Haarsträhne angekommen, drehst du die Strähne mit der Styling Bürste bis zum Haaransatz ein.
5. Nun drehst du die Haarsträhne vorsichtig aus der Bürste raus, so dass die gebündelte Locke nicht aufspringt. Halte dabei die Strähne mit Daumen und Zeigefinger am Haaransatz fest und lockere sie danach kurz auf.
6. Nachdem du Strähne für Strähne bearbeitet hast, kannst du deine Haare anschließend optional vorsichtig scrunchen, um die Sprungkraft deiner Locken noch einmal zu aktivieren.

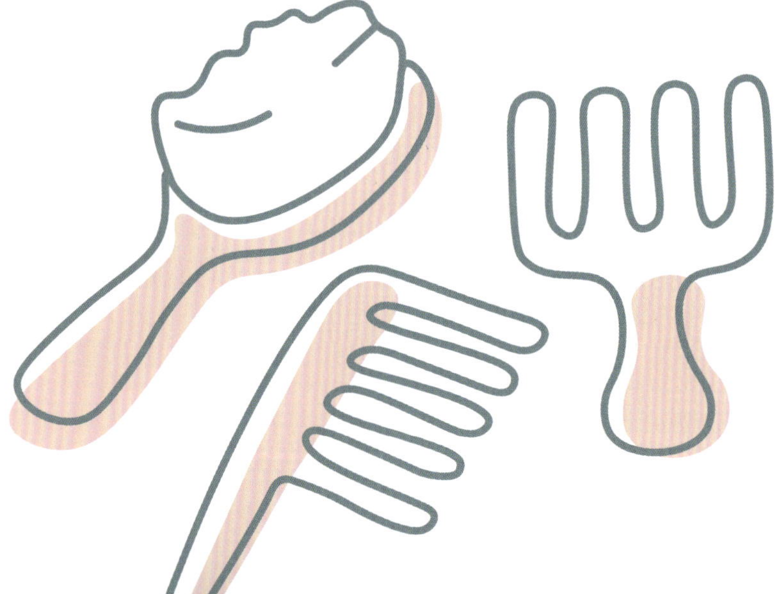

LOCKENBUCH.DE/00046

SCANNE DEN QR CODE FÜR WEITERE TIPPS & PRODUKTEMPFEHLUNGEN

Smasters Technique

Für wen ist diese Technik geeignet?

Die Smasters Technique ist die richtige Applikationstechnik für dich, wenn du oft bereits Frizz beim Trocknen deiner Haare bekommst.

Weshalb verwendest du die Technik?

Mit dieser Technik kannst du Frizz vorbeugen, der während des Haare-Trocknens entsteht.

Wie funktioniert die Methode?

1. Du wäscht deine Haare wie gewohnt.
2. Du arbeitest einen Leave-In Conditioner in deine nassen Haare ein.
3. Nun lässt du deine Haare an der Luft trocknen.
4. Sind deine Haare zu 50 % getrocknet, feuchtest du deine Hände an und verreibst das Stylingprodukt deiner Wahl (z. B. Haargel) in den Handinnenflächen und arbeitest es mit der Praying Hands Methode in deine Haare ein.
5. Anschließend lässt du deine Haare vollständig trocknen.

Du magst diese Methode, möchtest die Sprungkraft deiner Locken jedoch noch verstärken? Dann nutze für das Trocknen deiner Haare einen Föhn. Beste Ergebnisse mit wenig Frizz kannst du mit der Hammock Diffusing Methode (siehe Seite 116) erzielen.

Section Out: Über-Kopf-Styling

Für wen ist es geeignet?

Das Über-Kopf-Styling ist für dich geeignet, wenn du deine Locken besser definieren und zugleich mehr Volumen haben möchtest. Es ist eine der am meisten genutzten Stylingtechniken.

Wie funktioniert die Methode?

1. Du wäschst deine Haare wie gewohnt.
2. Entwirre deine Haare.
3. Je nach Haardichte und -länge unterteilst du deine Locken in verschiedene Sektionen und fixierst sie beispielsweise mit Klammern.
4. Arbeite je Haarsektion zunächst einen Leave-In Conditioner und/oder eine Curl Cream ein.
5. Scrunche anschließend das Stylingprodukt deiner Wahl (z. B. Haargel oder Lockenschaum) in deine Haare ein. Achte darauf, dass du deine Haare ungefähr mit einem 90° Winkel zur Kopfhaut stylst, damit dein Haaransatz mehr Volumen erhält.
6. Anschließend schüttelst du deine Haare vorsichtig aus, so dass sich natürliche Bündelungen ergeben. Beginn mit deinen vorderen Haaren und arbeite dich anschließend Lage für Lage nach hinten vor. Deine Haarsektionen kannst du mit deinem Arm voneinander trennen.

LOCKENBUCH.DE/00047

SCANNE DEN QR CODE FÜR WEITERE TIPPS & PRODUKTEMPFEHLUNGEN

Double Application Methode

Für wen ist diese Methode geeignet?

Beobachtest du vermehrt Frizz, wenn du die Plopping Methode (diese Methode erkläre ich dir ausführlich auf Seite 96) anwendest? Hängen sich deine Locken schnell aus? Dann kann diese Methode für dich geeignet sein, indem du nach der Aktivierung der Sprungkraft noch einmal dafür sorgst, dass deine Locken mehr Halt bekommen.

Wie funktioniert die Methode?

1. Du wäschst dein Haar wie gewohnt und trägst zum Schluss das Stylingprodukt deiner Wahl (z. B. Haargel) auf.
2. Nun stülpst du eine Duschhaube über deine noch nassen Haare. Das Wet Plopping (siehe Seite 95) machst du für rund 10 Minuten und nimmst anschließend die Duschhaube wieder ab.
3. Feuchte nun deine Hand an und verreibe dein Styling-Produkt in den Handinnenflächen. Arbeite es nun erneut in deine Haare ein.

Finger Coiling

Finger Coiling ist speziell dafür geeignet, Locken zu definieren und zu verstärken. Hierbei werden einzelne Haarsträhnen um den Finger gewickelt, um eine definierte Locke zu erzeugen.

Für wen ist Finger Coiling geeignet?

Diese Methode ist für dich geeignet, wenn du deine Locken definieren und verstärken möchtest. Auch wenn du übermäßigen Frizz hast und deine Locken schwer zu handhaben sind, kannst du von dieser Styling-Methode profitieren.

Wie funktioniert die Methode?

1. Beginne mit sauberem, feuchtem Haar. Nach dem Waschen deines Haares kannst du einen Leave-In Conditioner oder eine Lockencreme auftragen, um die Feuchtigkeit zu versiegeln und dein Haar für das Coiling vorzubereiten.
2. Teile dein Haar in mehrere Abschnitte, wobei die Größe der Abschnitte von der gewünschten Lockengröße abhängt. Für kleinere, engere Locken, solltest du kleinere Abschnitte wählen, wohingegen die Abschnitte für größere, lockerere Locken größer gewählt werden können.
3. Nimm eine Strähne und wickele sie vorsichtig vom Ansatz zu der Spitze um deinen Finger.
4. Sobald die Strähne vollständig um deinen Finger gewickelt ist, lasse sie vorsichtig los. Wiederhole diesen Vorgang mit den restlichen Haaren.
5. Wenn alle Strähnen bearbeitet sind, lasse dein Haar natürlich trocknen oder verwende einen Diffusor für eine schnellere Trocknungszeit. Versuche, dein Haar während des Trocknungsprozesses nicht zu berühren, um Frizz zu vermeiden.

Sobald dein Haar vollständig getrocknet ist, kannst du die Locken vorsichtig mit den Fingern auseinanderziehen (separieren), um mehr Volumen zu erzeugen.

LOCKENBUCH.DE/00048

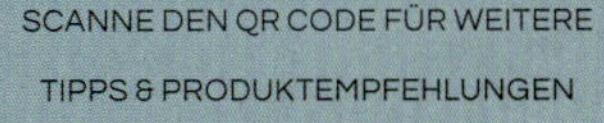
SCANNE DEN QR CODE FÜR WEITERE TIPPS & PRODUKTEMPFEHLUNGEN

Gel hoch 2

Für wen Gel hoch 2 geeignet?

Diese Methode ist für dich geeignet, wenn sich deine Locken schnell aushängen und sie mehr Halt vertragen können.

Wie funktioniert die Methode?

Haargel ist nicht gleich Haargel und so unterscheiden sich auch die Inhaltsstoffe einzelner Produkte. Wähle zwei unterschiedliche Haargele, die sich in den Inhaltsstoffen ergänzen. Dies kann zum Beispiel ein Haargel mit Proteinen und eines mit überwiegend feuchtigkeitsspendenden Inhaltsstoffen (siehe Seite 59) sein. Arbeite diese während deines Stylings nun hintereinander in deine Haare ein. Anschließend kannst du sie mit einer Stylingtechnik deiner Wahl (z. B. Finger Coiling, Seite 102) definieren und sie nach Belieben trocknen.

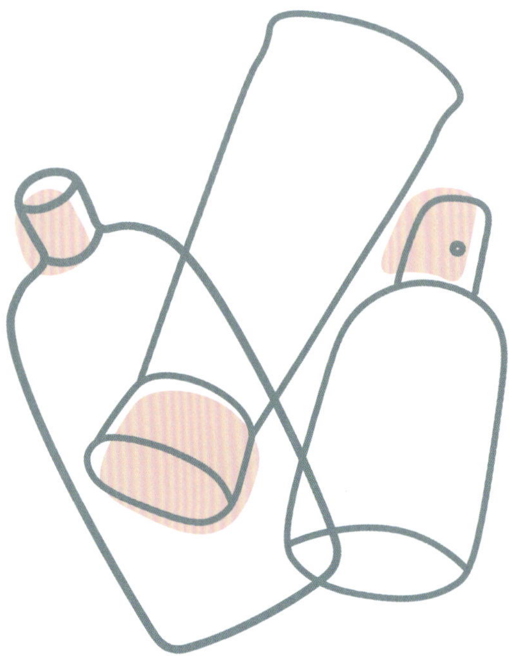

Finger Rolling

Finger Rolling ist eine Technik, mit der du mittellanges bis langes Haar sehr gut definieren kannst, indem du einzelne Haarsträhnen einrollst.

Für wen ist die Methode geeignet?

Die Methode ist für dich geeignet, wenn du definierte Locken wünschst, die Sprungkraft deiner Locken erhöhen und zugleich Frizz reduzieren möchtest.

Wie funktioniert Finger Rolling?

1. Trage eine Curl Cream oder ein Haargel auf deine gewaschenen, feuchten Haare auf.
2. Trenne dein Haar in mehrere Sektionen, je nach Dicke deiner Locken und der gewünschten Lockenmenge.
3. Nimm eine einzelne Strähne und rolle sie mit dem Zeigefinger der einen und dem Mittelfinger der anderen Hand von den Spitzen beginnend in Richtung Haaransatz ein.
4. Lasse die Locke sanft von deinem Finger gleiten. Optional kannst du anschließend die Haarsträhne noch einmal mit der Handinnenfläche in Richtung Haaransatz heben. So aktivierst du die Sprungkraft noch einmal.
5. Wiederhole den Vorgang Strähne für Strähne.

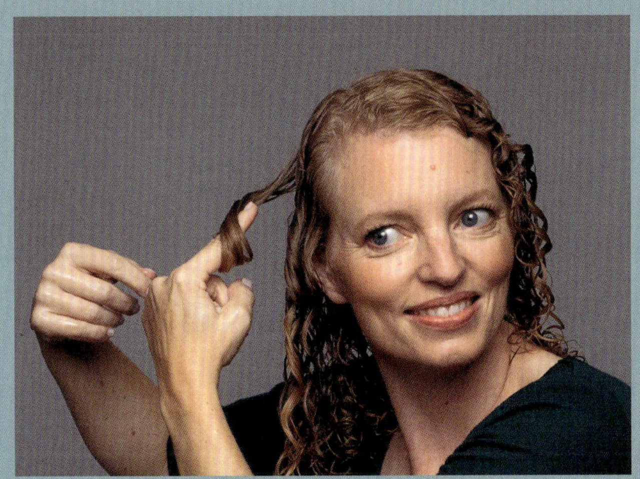

LOCKENBUCH.DE/00049

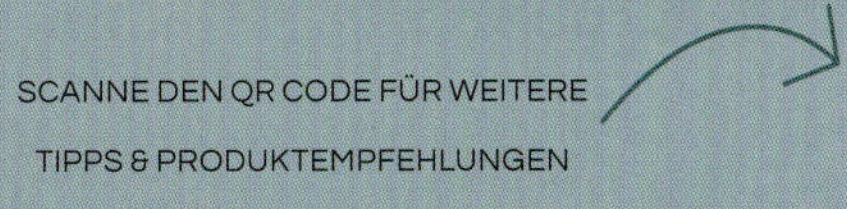
SCANNE DEN QR CODE FÜR WEITERE
TIPPS & PRODUKTEMPFEHLUNGEN

Twist Out

Die Twist Out Methode dient dazu, deine Locken zu definieren, indem du Bündelungen erzwingst.

Für wen ist die Twist Out Methode geeignet?

Die Twist Out Methode ist für dich geeignet, wenn du lockige Haare hast und die Bündelung deiner Locken verstärken willst, während die Definition zugleich Frizz vermeidet.

Wie funktioniert die Methode?

1. Teile deine frisch gewaschenen Haare in kleine Sektionen auf.
2. Trage auf jeden Abschnitt eine kleine Menge Leave-In Conditioner oder Curl Cream auf.
3. Teile den Abschnitt in 2 Strähnen und wickele diese vom Haaransatz in Richtung Haarspitze umeinander. Je kleiner die Strähnen sind, desto kleiner wird auch das Lockenmuster.
4. Lass deine Haare vollständig trocknen.
5. Löse die Twists, indem du die Strähnen vom Haaransatz aus vorsichtig auseinanderziehst.

DON'T: Viel Produkt bedeutet nicht viel Pflege

Zwar ist es meist zu Beginn der gesunden Lockenreise so: Deine Locken sind so trocken, dass sie sich regelrecht nach guter Pflege sehnen und alles verschlingen, was du ihnen präsentierst. Dies ist nach einer gewissen Zeit jedoch nicht mehr so. Deine Haare sind dann gesättigt und benötigen dann wahrscheinlich weniger Produkt als du denkst.

DO: Variiere die Produktmenge

Auch die Menge eines Produktes ist für dein Lockenergebnis verantwortlich. Auch hier kannst du mit den gleichen Produkten unterschiedliche Ergebnisse erzielen, wenn du die Produktmenge variierst. Vor allem zu Beginn kann es sein, dass du zum Beispiel zu viel Leave-In Conditioner oder Curl Cream verwendest und deine Haare zwar weich, aber irgendwie nass aussehen. Versuche es dann mit etwas weniger Produkt.

LOCKENBUCH.DE/00050

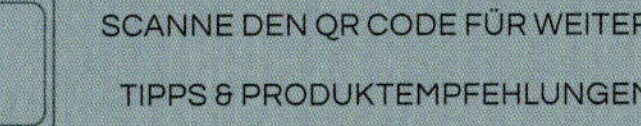

SCANNE DEN QR CODE FÜR WEITERE TIPPS & PRODUKTEMPFEHLUNGEN

80/20 Gel

Für wen ist diese Methode geeignet?

Sie ist für dich geeignet, wenn du Frizz vorbeugen willst, der im Laufe des Trocknungsvorgangs entsteht. Insbesondere ist sie bei der Trocknung mit dem Föhn gut geeignet.

Wie geht es?

1. Du wäschst dein Haar wie gewohnt.
2. Trage einen Leave-In Conditioner auf dein nasses Haar auf und nutze die Wet Plopping Methode (siehe Seite 95) für deine Haare.
3. Entferne überschüssiges Wasser mit einem Mikrofaser-Handtuch.
4. Arbeite Haargel in deine feuchten Haare ein, wobei sie ungefähr zu 80 % nass sind.
5. Lass deine Haare trocknen.
6. Sobald deine Locken weitestgehend getrocknet sind – sie sind nun nur noch zu 20 % nass – arbeitest du eine weitere Lage Gel mit der Praying Hands Methode (Seite 84) in deine Haare ein.

Super Soaker Methode

Für wen ist es geeignet?

Die Super Soaker Methode ist für dich geeignet, wenn du deine Haare beim Stylen mit einem Maximum an Feuchtigkeit versorgen willst, so dass du Frizz minimierst.

Wie funktioniert die Methode?

1. Wasche deine Haare wie gewohnt.
2. Entwirre deine Haare über Kopf.
3. Verteile dein Stylingprodukt (z. B. Haargel) in deinen Handinnenflächen und scrunche das Produkt in deine tropfnassen Haare ausgehend von den Haarspitzen in Richtung Haaransatz.

Mein Tipp

Je nachdem wie feucht deine Haare beim Einarbeiten der Produkte sind, verhalten sie sich unterschiedlich. Mach auch du den Vergleich und arbeite die gleichen Produkte mit der gleichen Styling-Methode in deine Haaren ein. Das erste Mal in handtuchtrockenes Haar und das nächste Mal in deine tropfnassen Haare. Notiere dir dabei, wie deine Haare reagieren. Kannst du einen Unterschied erkennen?

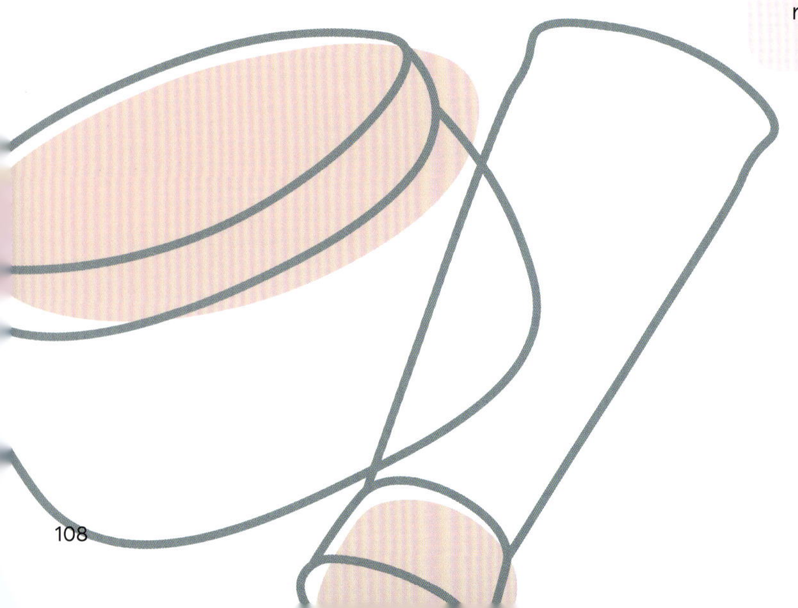

Tipps für das Styling deiner Haare

Teste, wie deine Haare beim Einarbeiten der Pflege- und Stylingprodukte auf einen unterschiedlichen Feuchtigkeitsgrad reagieren. Vor allem wenn du sehr trockene Locken hast, reagieren sie gut darauf, wenn du die Haarpflege im triefend nassen Zustand einarbeitest.

Du kannst die unterschiedlichen Methoden auch in Kombination miteinander anwenden. Beispiel: Du arbeitest deinen Conditioner mit der Bowl Methode ein und arbeitest anschließend den Leave-In Conditioner mit der Praying Hands Methode in Kombination mit der Raking Hands Methode ein. Danach scrunchst du noch die Locken.

Stelle dir eine Haarpflege-Routine nach den Bedürfnissen deiner Haare zusammen und ändere im nächsten Schritt, sofern die Produkte noch nicht zu dir passen, jeweils nur ein Produkt. So kannst du Schritt für Schritt herausfinden, welche Produkte für deine Haare von Vorteil sind und welche nicht zu ihnen passen.

07 So trocknest du deine Locken

In diesem Kapitel nehme ich dich mit auf die Reise, lockiges Haar zu trocknen. Ich zeige dir verschiedene Techniken, wie du deine Locken trocknen kannst: Von der natürlichen Lufttrocknung bis hin zur Trocknung mit dem Föhn. Ob du ein Neuling in der Lockenpflege bist oder bereits viel Erfahrung hast, die folgenden Seiten bieten dir Einsicht in die Techniken, die du benötigst, um deine Locken optimal zu trocknen.

Jeder, der lockiges Haar hat, weiß, dass es eine besondere Aufmerksamkeit erfordert – vor allem, wenn es um das Trocknen geht. Hast du jemals nach dem Waschen deiner Locken Frizz oder einen Verlust der Lockendefinition erlebt? Die Art und Weise, wie du dein Haar trocknest, kann einen enormen Unterschied in seiner Gesundheit und Erscheinung machen.

Lufttrocknen

Die schonendste Methode ist es, deine Haare an der Luft zu trocknen, da dadurch das in deinen Haaren verbleibende Wasser auf natürlichem Wege verdunsten kann.

Lockiges Haar neigt oft zu Trockenheit, Bruch und Frizz, was durch die Anwendung von Wärme durch Haartrockner oder andere Stylinggeräte verstärkt werden kann. Wärme kann die Haarstruktur schädigen, indem sie die schützende äußere Schicht des Haares, die Cuticula, aufbricht. Dies führt zu Feuchtigkeitsverlust und damit zu trockenem, brüchigem Haar.

Das Lufttrocknen hingegen ist eine sanftere Methode, die die natürliche Feuchtigkeitsbalance des Haares erhält und die Integrität der Haarstruktur schützt.

So gehst du vor

1. Du wäschst deine Haare nach Belieben.
2. Entwirre deine Locken vorsichtig entweder mit den Fingern (Raking Hands, siehe Seite 85) oder mit einem breitzinkigen Kamm.
3. Nun stylst du deine Locken mit den zu dir passenden Stylingprodukten und der Styling-Methode deiner Wahl, zum Beispiel Finger Coiling (siehe Seite 102).
4. Hast du feine Haare, empfehle ich dir, die Plopping Methode zu verwenden, um überschüssiges Wasser aus den Haaren zu ziehen. Diese erkläre ich dir auf Seite 96.
5. Nun lässt du deine Haare an der Luft trocknen. Achte darauf, dass du deine Haare nicht mehr berührst, da dies zu Frizz führen kann.

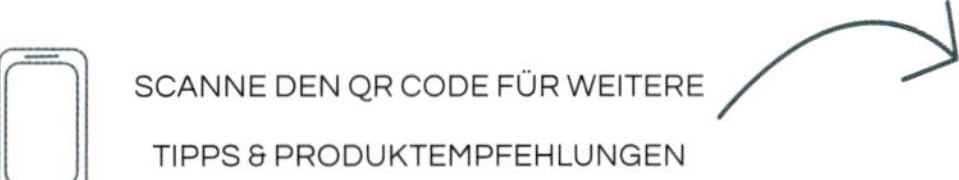

Vorteile des Lufttrocknens

+ Schonend für deine Haare: Das Lufttrocknen minimiert die Hitzeexposition und reduziert damit das Risiko von Haarschäden.
+ Natürliches Aussehen: Durch die Lufttrocknung behalten deine Locken einen natürlichen Glanz.
+ Günstig: Du benötigst keine Geräte, um deine Haare zu trocknen.

Nachteile des Lufttrocknens

– Zeitintensiv: Das Lufttrocknen erfordert Geduld, da es im Vergleich zu anderen Methoden länger dauert.

– Weniger Definition: Insbesondere lange Locken können sich aufgrund der Schwere des Wassers in den Haaren während des Lufttrocknens schnell aushängen.

– Weniger Volumen: Da du deine Locken während des Lufttrocknens aufrecht trocknest, sind deine Haare im Gegensatz zu anderen Methoden meist weniger voluminös.

DO: Verwende ein Mikrofaser-Handtuch
Einer der einfachsten Tipps, der allerdings eine ungeheure Wirkung hat: Du solltest ab jetzt ein Mikrofaser-Handtuch für deine Locken verwenden. Denn das raut die Lockenstruktur nicht so stark auf wie ein normales Handtuch. Rubbele deine Haare hiermit nicht trocken, sondern drücke die Feuchtigkeit vorsichtig aus ihnen raus.

DON'T: Baumwoll-Handtuch verwenden
Verwende kein herkömmliches Handtuch zum Trocknen deiner Locken. Deine Haare können sich in den groben Schlaufen des Handtuchs verfangen und deine Haarstruktur aufrauen.

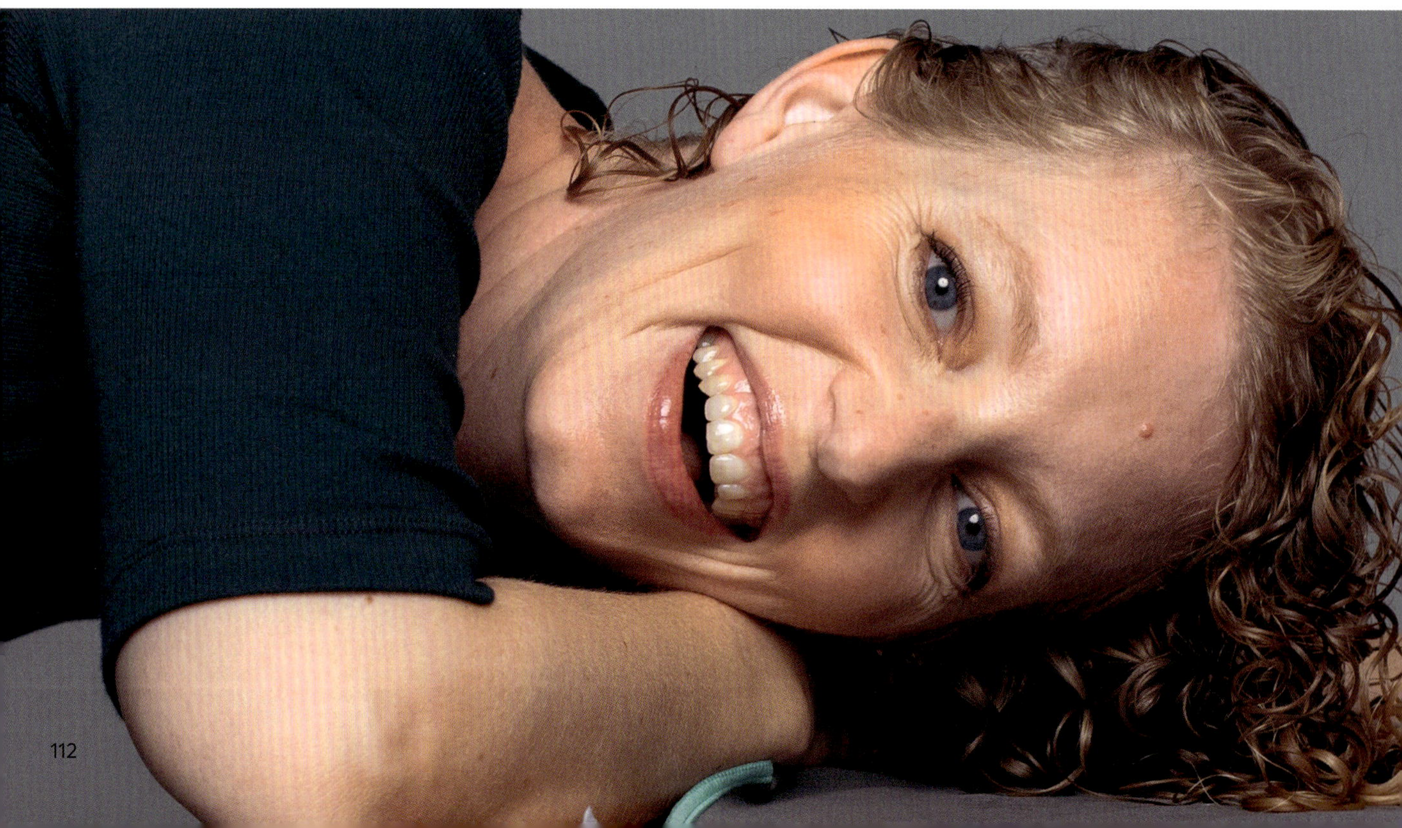

Föhn-Techniken für Locken

Das Trocknen deiner Locken mit einem Haartrockner kann eine effektive Methode sein, um Zeit zu sparen und definierte Locken zu erzielen.

Es gibt hierfür verschiedene Techniken, um deine Locken zu trocknen, weshalb ich dir hier einige der beliebtesten Methoden zeigen werde.

Nachteile des Trocknens mit dem Föhn

- Hitzeschäden: Wendest du den Föhn mit hoher Hitze an, kann dies zu Haarschäden führen. Feine oder bereits geschädigte Haare haben hier ein noch größeres Risiko, zusätzlich geschädigt zu werden.
- Frizz-Risiko: Die falsche Föhntechnik kann zu Frizz führen, insbesondere wenn kein Diffusoraufsatz verwendet wird.
- Kosten: Das Trocknen mit dem Föhn erfordert die Anschaffung eines hochwertigen Haartrockners und gegebenenfalls zusätzlicher Produkte wie Hitzeschutzsprays.

Tipps zum Umgang mit dem Föhn

- Stelle die Temperatur so kalt wie möglich ein.
- Wähle die geringste Gebläsestufe, damit die Bündelung deiner Locken während des Trocknens nicht bereits auseinandergerissen wird und Frizz entsteht.
- Nutze einen Diffusor, um deine lockigen Haare so schonend wie möglich zu trocknen.

Vorteile des Trocknens mit dem Föhn

+ Schnelleres Trocknen: Mit dem Föhn können die Locken schneller trocknen, was besonders praktisch ist, wenn du wenig Zeit hast.
+ Definition der Locken: Durch die Verwendung eines Diffusoraufsatzes kannst du deine Locken beim Föhnen definieren und ihre Sprungkraft stärken.
+ Kontrolle über das Volumen: Ein Föhn ermöglicht es dir, das Volumen deiner Locken zu kontrollieren und bei Bedarf mehr oder weniger Fülle zu erzeugen.

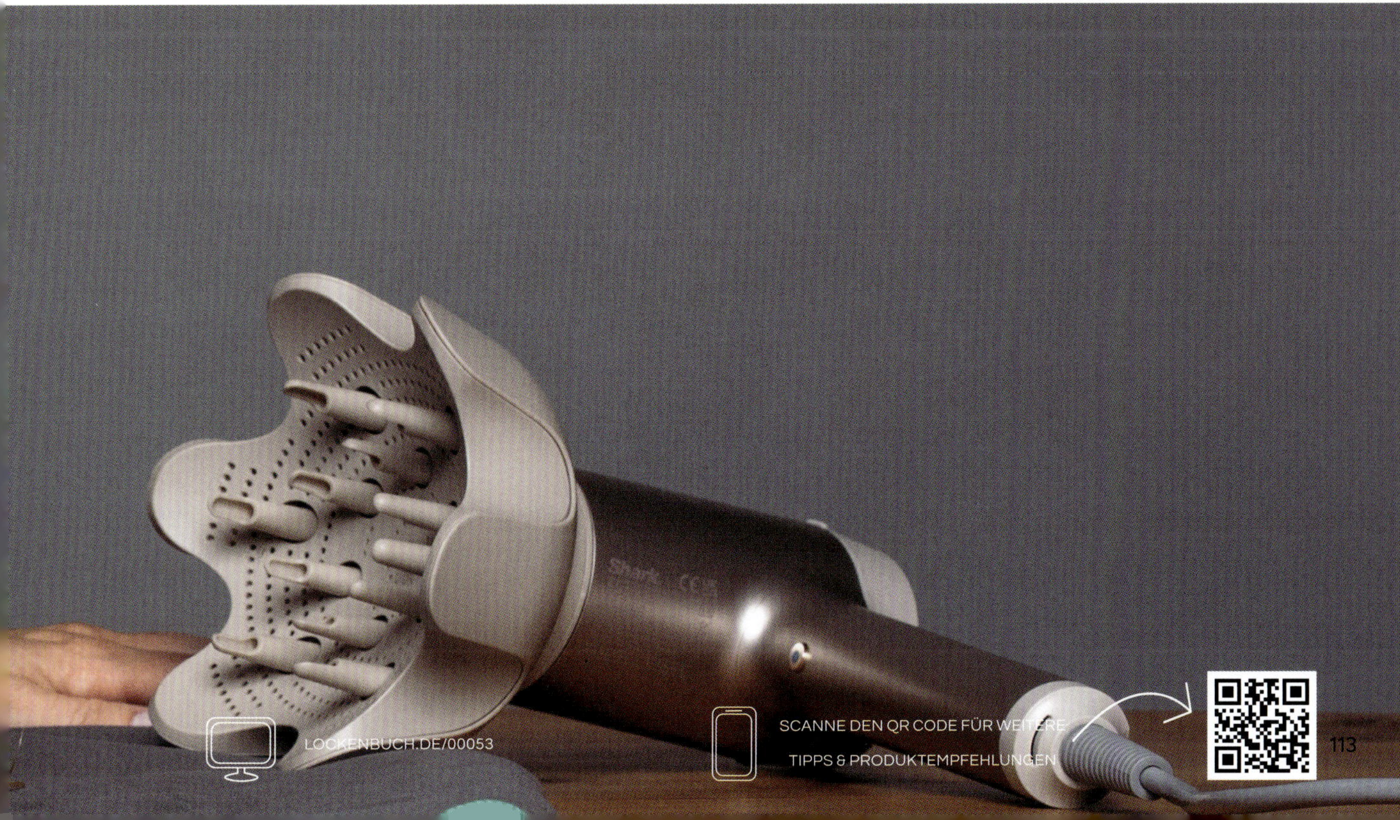

LOCKENBUCH.DE/00053

SCANNE DEN QR CODE FÜR WEITERE TIPPS & PRODUKTEMPFEHLUNGEN

Cup Diffusing

Was ist das?

Cup ist das englische Wort für ‚Tasse'. Bei dieser Föhn-Methode nutzt du eine Hand als Tasse und stützt damit deine Locken während des Trocknens, so dass das natürliche Lockenmuster verstärkt wird.

So geht es

Du hältst den Föhn mit einer Hand in der Nähe deiner Haare, ohne sie zu berühren. Du krümmst deine andere Hand und legst einzelne Haarpartien in deine Handinnenfläche. Nun führst du sie in Richtung Haaransatz und platzierst den Haartrockner so, dass der Luftstrom schräg von oben auf dein Haar trifft. So trocknest du Strähne für Strähne.

Vorteile des Cup Diffusing

- + Dein Lockenmuster wird natürlich verstärkt.
- + Die Locken-Bündelungen werden während des Trocknens gestützt.und bleiben besser erhalten.

DON'T: Vermeide Hitze

Hitze – z. B. durch einen Föhn auf hoher Temperatur oder ein Glätteisen – solltest du beim Trocknen deiner Haare grundsätzlich vermeiden, da es deine Haarstruktur nachhaltig schädigen kann. Allerdings bedeutet das nicht, dass du deine Haare nie wieder föhnen darfst.

DO: So trocknest du deine Locken mit einem Föhn

Wähle bei deinem Föhn die geringste Temperaturstufe, um Hitzeschäden zu vermeiden. Auch eine geringe Gebläsestufe sorgt dafür, dass die Bündelung deiner Locken nicht bereits während des Trocknens auseinandergerissen wird und Frizz entsteht.

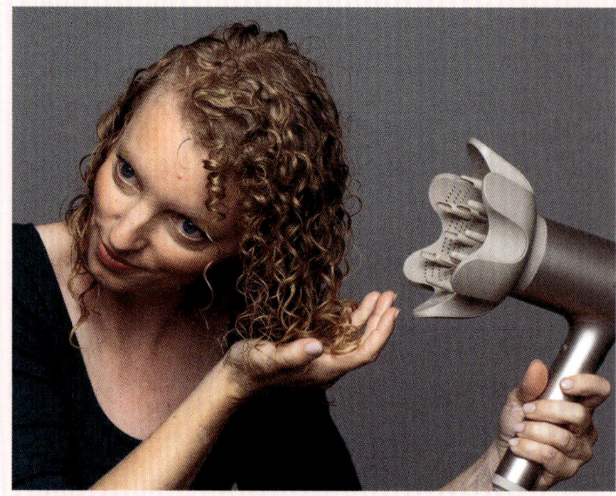

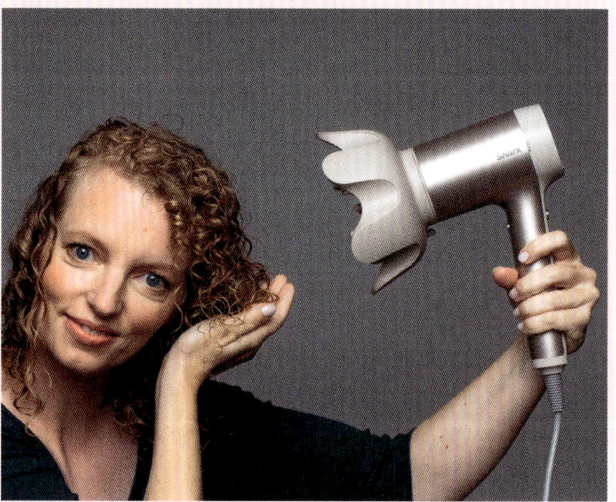

! Doch Vorsicht:

In den sozialen Medien wird das Cup Diffusing auch oft mit einem Sieb gezeigt. Hiervon rate ich dir ab, weil Metallsiebe sich sehr stark erhitzen und zu Hitzeschäden an deinem Haar führen können.

Pixie Diffusing

Was ist das?

Pixie Diffusing ist eine Technik, mit der du Frizz minimieren kannst, der durch den Luftstrom des Föhns beim Bewegen deiner Haare entstehen kann.

So geht es

Beim Pixie Diffusing platzierst du vorsichtig einzelne Haar-Sektionen im Diffusorkopf. Du bewegst den Diffusor in Richtung Haaransatz und verweilst hier. Erst jetzt schaltest du den Föhn an. Denk daran, dass du die kälteste Temperatureinstellung sowie die niedrigste Gebläsestufe benutzt, da hierdurch deine Locken-Bündelungen nicht so stark durch den Luftstrom auseinander gedrückt werden. Du lässt den Föhn an dieser Stelle ruhen und bewegst diesen erst, nachdem du ihn wieder ausgeschaltet hast. Gehe so Sektion für Sektion vor, bis deine Haare trocken sind.

Vorteile des Pixie Diffusing

+ Deine natürlichen Locken-Bündelungen werden unterstützt.
+ Frizz, der durch den Luftstrom des Föhns entstehen kann, wird minimiert.
+ Die Sprungkraft deiner Locken wird gestärkt.

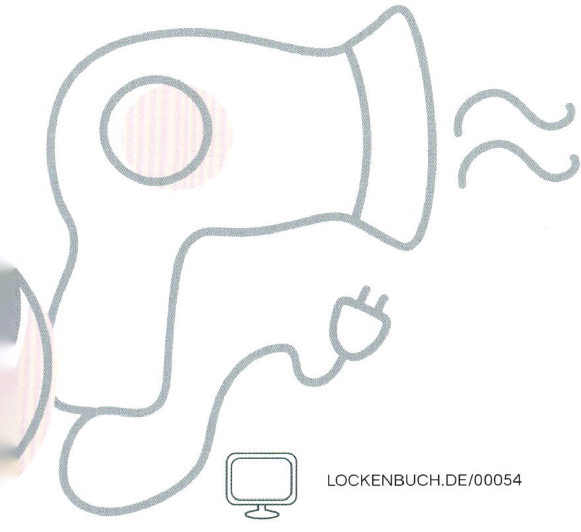

LOCKENBUCH.DE/00054

SCANNE DEN QR CODE FÜR WEITERE TIPPS & PRODUKTEMPFEHLUNGEN

Hammock Diffusing

Was ist das?

Diese Methode ist sehr gut für lange Haare geeignet, weil die Locken in den Längen während der Trocknung gestützt werden und sich dadurch nicht aushängen.

So geht es

Beim Hammock Diffusing platzierst du den Föhn zum Beispiel auf einem Tisch mit dem Diffusor in deine Richtung. Du legst deine Haare dann vorsichtig in ein Mikrofaser-Handtuch hinein. Nun begibst du dich in Richtung Föhn und beginnst zunächst, die Partie deiner Kopfhaut zu trocknen. Der Föhn ist rund 20 Zentimeter von deinem Kopf entfernt und berührt ihn nicht.

Du kannst deinen Körper hierbei langsam bewegen, damit der Luftstrom alle Haare erreicht – achte jedoch darauf, dass die Bewegung sehr vorsichtig erfolgen sollte, damit deine Lockenbündelungen erhalten bleiben.

Stütze beim Hammock Diffusing deine Locken mit dem Handtuch, sodass sie sich nicht aushängen können. Anschließend senkst du das Handtuch ein Stück, so dass du die mittlere Partie trocknest und zum Schluss sind die Spitzen dran.

Möchtest du mehr Volumen im Haaransatz erzeugen, kannst du deine Haare beim Hammock Diffusing auch über Kopf trocknen.

Vorteile des Hammock Diffusing

+ Du vermeidest Frizz, weil du deine Haare nicht mit der Hand, sondern nur mit dem Handtuch berührst.
+ Hammock Diffusing sorgt für mehr Sprungkraft deiner Locken, da du deine nassen Haare während des Föhnens stützt.

Hover Diffusing

Was ist das?

Hovering ist Englisch und bedeutet so viel wie ‚in der Luft schweben' und genauso kannst du dir auch diese Technik mit dem Föhn vorstellen. Nutze beim Hover Diffusing einen Föhn mit Diffusor, um deine Locken langsam zu trocknen. Diese Föhntechnik ist gut geeignet, wenn du zu Frizz neigst und deine Locken-Bündelungen bei Berührung schnell aufbrechen.

So geht es

Du nimmst den Föhn mit Diffusor und platzierst ihn mit ungefähr 20 Zentimeter Abstand schräg über deinen Haaren, ohne dass er sie berührt. Die Schuppenschicht deiner Locken wird so nach unten gedrückt.

Während des Föhnens, kannst du den Föhn langsam kreisen, so dass der Luftstrom sich gut verteilen kann, ohne dass die Bündelung deiner Locken aufbricht..

Vorteile des Hover Diffusing

+ Deine Locken-Bündelungen werden während des Trocknens nicht zerstört.

+ Frizz wird minimiert, da der Luftstrom so geführt wird, dass die Schuppenschicht der Haare nicht zusätzlich aufgeraut wird.

Mein Tipp

Frizz entsteht häufig am Ende des Trocknens. Um Frizz zu reduzieren, kannst du deine Haare mit dem Föhn trocknen, bis sie ungefähr zu 80 % trocken. Lass den Rest anschließend lufttrocknen, ohne die Haare zu berühren.

LOCKENBUCH.DE/00055

SCANNE DEN QR CODE FÜR WEITERE TIPPS & PRODUKTEMPFEHLUNGEN

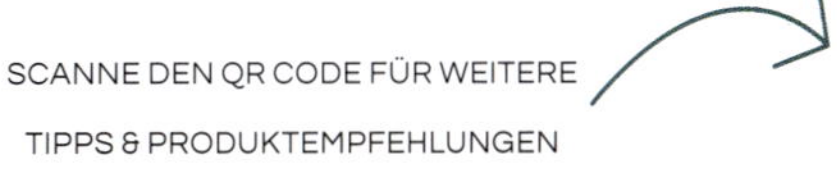

VORHER
NACHHER

Nach dem Trocknen

Der Gel-Cast

Wenn deine Locken zu 100 % trocken sind, wirst du feststellen können, dass deine Haare oftmals hart sind und nass aussehen, obwohl sie absolut trocken sind. Dies nennt man den Gel-Cast, was auf Deutsch so viel wie ‚Gel-Gips' bedeutet. Die Inhaltsstoffe des Haargels haben sich mit dem Trocknen schützend um deine Haare gelegt, können aber durch die folgende Technik leicht wieder gelöst werden.

Scrunch Out The Crunch

Scrunch Out The Crunch ist Englisch und bedeutet ‚die Härte rauskneten'. Und genau das machst du bei dieser Methode auch, indem du den Gel-Cast rausknetest, so dass deine Locken frei sind. Hierbei gehst du wie folgt vor:

1. Nimm ein Mikrofaser-Handtuch und leg es in deine Handinnenflächen.
2. Greife von den Spitzen aus kommend in deine Haare und hebe sie in Richtung Haaransatz.
3. Knete deine Haare vorsichtig, indem du die Hand schließt.
4. Wiederhole dies Strähne für Strähne.

Statt eines Mikrofaser-Handtuchs kannst du auch ein, zwei Tropfen Haaröl in deinen Handinnenflächen verreiben und deinen mit der Praying Hands Methode (siehe Seite 84) ausstreichen.

Ich kann dir nicht empfehlen, den Gel-Cast nur mit der trockenen Hand zu entfernen, da die Erfahrungen vieler Lockenköpfe gezeigt haben, dass dies oft Frizz begünstigt.

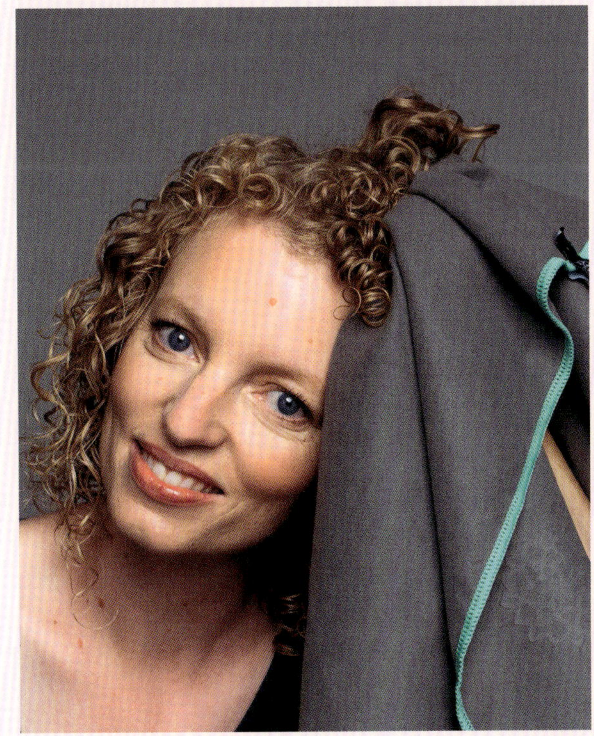

LOCKENBUCH.DE/00056

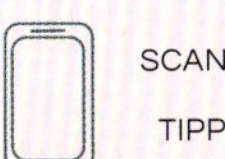

SCANNE DEN QR CODE FÜR WEITERE TIPPS & PRODUKTEMPFEHLUNGEN

Finde den passenden Locken-Friseur

Locken sind einzigartig – genau wie du! Überlasse das Schneiden deiner wundervollen Locken nicht dem Zufall. Profitiere von echten Empfehlungen und finde auf Loving Curls deinen Traumfriseur in deiner Nähe, der deinen Look versteht und auf deine Bedürfnisse eingeht. Deine Locken werden es dir danken!

loving-curls.com/locken-friseur

Tipps für mehr Volumen beim Trocknen deiner Locken

Hast du den Eindruck, dein Haaransatz ist eher platt und könnte ein Lifting vertragen? Dann solltest du meine folgenden Tipps testen und sehen, welche Methode dir mehr Volumen am Haaransatz bringt.

Clipping

Noch während deine Haare nass sind, kannst du dafür sorgen, dass sie beim Trocknen an Volumen gewinnen. Hierfür verwendest du nach dem Einarbeiten deiner Pflege- und Stylingprodukte Klammern, die du so in deine Haare platzierst, dass die Haare senkrecht zur Kopfhaut stehen. Du entfernst sie erst, wenn deine Haare zu 100 % getrocknet sind.

Locken-Pick

Ein Volumen-Wunder für zwischendurch ist die Verwendung eines Locken-Picks, mit dem du deinen Haaransatz immer wieder auflockern kannst.

Über-Kopf-Stylen

Auch das Stylen deiner Haare über Kopf kann dabei helfen, dass du zu mehr Volumen am Haaransatz gelangst. Meine detaillierte Anleitung hierzu findest du auf Seite 100.

Trocknen mit dem Föhn

Die Trocknung mit einem Haartrockner (wohlgemerkt mit Diffusor) kann das Volumen deiner Locken entscheidend prägen. Sehr gute Erfahrungen haben viele Lockenköpfe mit Pixie-Diffusing gemacht.

Styling senkrecht zum Haaransatz

Stylst du deine Locken mit einer Stylingbürste, solltest du darauf achten, dass du deine Haare immer im 90° Winkel vom Kopf wegbewegst. So wird der Haaransatz direkt angehoben.

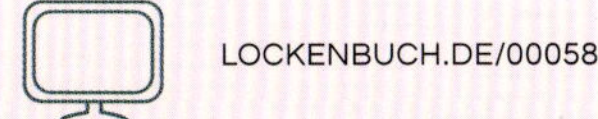

08 Locken über Nacht schützen

Damit deine Locken nicht nur an Tag 1 nach dem Waschen wunderschön aussehen, solltest du sie nachts unbedingt schützen. Nur so kannst du sicherstellen, dass deine Locken ihre Bündelung behalten und auch an den Folgetagen noch schön definiert sind. In diesem Kapitel zeige ich dir, wie du deine Locken nachts schützen kannst.

Der richtige Kissenbezug

Ganz einfach und unkompliziert kannst du deine Locken schützen, indem du einen glatten Kissenbezug verwendest. Dieser kann z. B. aus Seide oder Bambusfaser bestehen. Er raut im Gegensatz zu Baumwolle oder Frottee die Haarstruktur wesentlich weniger auf. Er ist auch eine gute Basis, wenn du die folgenden Methoden zum Schutz deiner Locken über Nacht verwendest.

Ananas mit Seidenscrunchie

Als Ananas wird eine Frisur bezeichnet, mit der du deine Haare nachts schützen kannst, wenn sie schon etwas länger sind. Hierfür bindest du die Locken auf deinem Kopf zusammen und verknotest sie leicht. Deine Haare werden geschützt, weil du nur mit den Seiten und dem Hinterkopf auf dem Kissen liegst. Übrigens eignet sich diese Frisur auch für den Sport.

Seidenhaube

Noch besser ist die Anschaffung einer Seidenhaube. Denn hierbei werden deine Haare bestmöglich geschützt. Der Vorteil liegt darin, dass deine Haare darin derart Platz finden, dass die Lockenstruktur bestmöglich geschützt ist und sich die Locken sogar über Nacht verstärken können. Die Seidenhaube ist mein persönlicher Favorit!

Buff

Eine Seidenhaube ist nicht jedermanns Sache. Doch es gibt eine ähnlich gute Methode, deine Locken zu schützen – nämlich mit einem so genannten Buff. Dieser ist ursprünglich als ein leichtes Halstuch entwickelt worden, das du allerdings auch problemlos über deine Locken ziehen kannst. So werden sie nachts geschützt und verlieren ihre Bündelung nicht.

LOCKENBUCH.DE/00060

SCANNE DEN QR CODE FÜR WEITERE TIPPS & PRODUKTEMPFEHLUNGEN

09 Refresh – so weckst du deine Locken

Ein wichtiger Bestandteil deiner Haarpflege-Routine ist der tägliche Refresh, denn du wirst deine Haare wahrscheinlich nicht jeden Tag waschen und neu stylen. In diesem Kapitel zeige ich dir die gängigsten Methoden, um deine Locken wieder aufzufrischen.

Deine Locken können durch das Liegen über Nacht ihre Form verlieren und etwas platt sein. Wenn dies der Fall ist, gibt es ein paar Tricks, deine Haare wieder aufzuwecken, ohne dass du sie erneut waschen musst. Das Auffrischen deiner Haare nach dem Schlafen erfordert eine sehr individuelle Vorgehensweise und gestaltet sich für jeden Lockenkopf anders. Deshalb verrate ich dir einige grundsätzliche Vorgehensweisen, die du anwenden kannst. Teste die folgenden Methoden aus und finde heraus, was deinen Locken am besten gefällt, um wieder in Schwung zu kommen.

Vor jedem Refresh solltest du deine Haare zunächst von deinem Nacht-Schutz – sofern du einen verwendest – befreien und rund 5-10 Minuten ruhen lassen. Hierbei legen sich die Locken meist ein wenig und du kannst anschließend wesentlich besser einschätzen, welche Form des Refresh für deine Locken das Beste ist.

Trockener Refresh

Nicht bei jedem Refresh musst du deine Locken zwangsläufig nass machen. An einigen Tagen kann dein Haaransatz eventuell einfach nur etwas platt gelegen sein, doch deine Locken können immer noch wunderschön springen. Es kann natürlich auch sein, dass du, insbesondere nach dem ersten Waschtag und einem für dich sehr gut geeignetem Schutz für die Nacht, gar nichts weiter machen musst. Doch ich versichere dir, das kommt nicht allzu häufig vor und selbst wenn 95 % der Locken nach dem Schlafen gut sitzen, ist es meist so, dass man mindestens einer Lockenbündelung mit Feuchtigkeit nachhelfen muss.

Mein Tipp

Der Refresh wird dir leichter fallen, wenn du deine Haare über Nacht mit der richtigen Methode schützt, weil hierdurch deine Lockenbündelungen erhalten bleiben können. Lies hierzu auch meine Tipps auf Seite 123.

So gehst du vor

Je nachdem welches Bedürfnis deine Haare haben, kannst du bei einem trockenen Refresh mit einem Locken-Pick arbeiten, um deinen Haaransatz wieder anzuheben, der über Nacht einfach etwas an Volumen verloren hat. Dies ist sicherlich die einfachste und unkomplizierteste Art, um deine Locken zu erwecken.

Refresh mit wenig Wasser

Der gängigste Refresh ist jener mit (wenig) Wasser. Du wendest ihn an, wenn es deinen Locken etwas an Schwung fehlt. Ich verwende ihn oftmals an den Tagen 3-5 nach dem Waschen.

So gelingt der Refresh mit wenig Wasser

Du befüllst eine Sprühnebelflasche mit lauwarmen Wasser. Anschließend benetzt du deine Haare mit diesem Wasser. Hast du den Eindruck, dass über Nacht etwas Frizz entstanden ist, kannst du nach Bedarf deine Handinnenflächen anfeuchten und mit etwas Leave-In Conditioner, Curl Cream oder Haargel benetzen. Damit kannst du nun sanft über deine Haare streichen, um die durch das Schlafen angeraute Schuppenschicht zu legen. Möchtest du deine Locken wieder aktiveren, empfehle ich dir, deine Locken vorsichtig zu scrunchen.

Refresh mit viel Wasser

Wenn deine Locken aus der Form geraten sind, es aber noch nicht Zeit für einen ganzen Waschtag ist, kannst du sie wieder in die richtige Form bringen, indem du die Brückenbindungen deiner Haare, genau genommen die Wasserstoffbrücken (siehe Seite 11), mit Wasser löst und sie wieder neu definierst. Wenn du diese Form des Refreshs anwendest, frage dich vorab immer, ob deine Kopfhaut noch ohne Reinigung auskommen wird.

So gehst du vor

Bei einem Refresh mit viel Wasser benetzt du deine Locken vollständig mit Wasser, ohne sie jedoch mit Shampoo oder Conditioner zu waschen. In den meisten Fällen ist hierbei noch genügend Produkt in den Haaren vorhanden, um gut durch deine Locken gleiten zu können und sie entwirren zu können. Im nächsten Schritt entwirrst du deine Haare vorsichtig, indem du zum Beispiel die Ranking Hands Methode (siehe Seite 85) anwendest. Zum Schluss kannst du Stylingprodukte in deine Locken einarbeiten und sie nach Belieben definieren. Ein starkes Haargel ist für den Refresh gut geeignet, um Frizz zu bekämpfen und die Locken zu fixieren.

Mein Tipp

Bei jedem Refresh kannst du je nach Haarzustand und Bedürfnissen abwägen, ob du mit einem Haaröl den Finish gestaltest. Dadurch kann die Feuchtigkeit in den Haaren gehalten werden.

Die besten Ergebnisse für definierte Locken erzielst du, wenn du deine Haare mit einer Stylingbürste stylst, Finger Coiling oder Finger Rolling anwendest (siehe Seite 102ff). Mehr Sprungkraft bekommst du durch Trocknen mit dem Föhn.

Refresh mit Dampf

Mein persönliches Highlight, meist am Tag nach dem Waschtag, ist der Refresh mit Dampf. Hierdurch werden die Pflege- und Stylingprodukte aktiviert und du kannst deine Haare durch gezieltes Styling innerhalb von weniger Minuten wieder wecken.

So gelingt dein Refresh mit Dampf

Für den Dampf-Refresh benötigst du Dampf. Du hast verschiedene Möglichkeiten, diesen zu erzeugen. Das kann zum einen eine Dusche mit warmem Wasser sein (der Dampf ist relativ gering), einen Topf mit kochenden Wasser nehmen (mehr Dampf) oder aber meinen persönlichen Favoriten verwenden: Eine Dampfbürste. Eine Dampfbürste ist ein Gerät, das ursprünglich für das Aufdampfen von Kleidungsstücken geschaffen wurde und warmen Wasserdampf erzeugt. Hiermit kannst du schnell und ohne großen Aufwand warmen Wasserdampf erzeugen und deine Locken damit benebeln. Hierdurch wird den Haaren nicht nur Feuchtigkeit zugeführt, sondern sie kann gleichzeitig auch in das Innere der Haare vordringen. Hast du das Gefühl, dass deine Haare etwas nach Feuchtigkeit dürsten, kannst du bei diesem Refresh auch etwas Leave-In Conditioner, Curl Cream oder auch Haargel verwenden. Doch sei vorsichtig, denn genau genommen wird das Produkt zweckentfremdet und du kannst dich bei falscher Benutzung am heißen Dampf verbrennen.

LOCKENBUCH.DE/00062
SCANNE DEN QR CODE FÜR WEITERE
TIPPS & PRODUKTEMPFEHLUNGEN

10 Unverzichtbare Accessoires in der Lockenpflege

Mit den richtigen Haarpflegeprodukten hast du den ersten wichtigen Schritt gemacht, um deine Haare gesund zu pflegen. Doch es gibt noch einige weitere Produkte, die ich dir ans Herz legen möchte, damit du das Beste aus deinen Lock–en herausholen kannst.

Mikrofaser-Handtuch

Ein Mikrofaser-Handtuch ist nicht nur sehr praktisch für Reisen, sondern insbesondere auch für das (An-)Trocknen lockiger Haare. Die glatte Handtuchoberfläche sorgt dafür, dass die überschüssige Feuchtigkeit aus den Haaren gezogen wird, ohne die Haarstruktur dabei aufzurauen. Ein Mikrofaser-Handtuch ist auch perfekt dafür geeignet, den Gel-Cast (die harte Schicht des getrockneten Haargels) zu brechen und herauszukneten.

Mikrofaser-Turban

Ein Mikrofaser-Turban ist eine sehr gute Anschaffung, wenn es um die Trocknung deiner Haare geht. Denn nach der Haarwäsche arbeiten viele Lockenköpfe ihre Stylingprodukte in das nasse Haar ein. Die überschüssige Feuchtigkeit kannst du zwar mit einem Mikrofaser-Handtuch heraus kneten, die Locken können sich jedoch mit der Trocknungsmethode Plopping (siehe Seite Seite 96) noch verstärken. Hierfür ist ein Mikrofaser-Turban sehr gut geeignet.

LOCKENBUCH.DE/00063

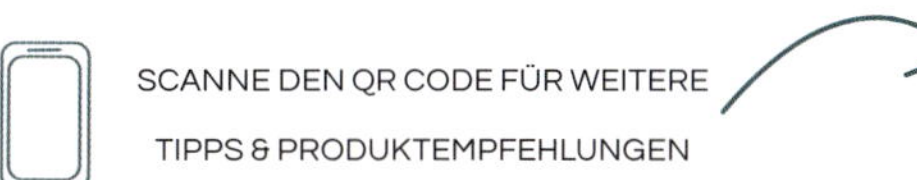

Sprühnebel-Flasche

Mit einer Sprühnebel-Flasche erzeugst du einen sehr feinen Wassernebel, mit dem du deine Haare anfeuchten kannst. Dies kann beim Einarbeiten von Stylingprodukten oder auch beim Refresh am Morgen sehr hilfreich sein.

Seidenhaube

Eine Seidenhaube schützt deine Locken über Nacht gleichermaßen vor dem Austrocknen und vor dem Auseinanderfallen der Bündelung. Für viele Lockenköpfe gehört solch eine Haube mittlerweile zum Alltag.

Seiden-Scrunchie

Mit einem seidenen Haarband kannst du deine Locken nicht nur nachts gut schützen, die Seide entzieht deinen Haaren weniger Feuchtigkeit als herkömmliche Scrunchies.

Haarbürste (Stylingbürste)

Die richtige Haarstylingbürste kann die Bündelung deiner Locken absolut beeinflussen. Du verwendest sie, um deine Haare im nassen Zustand zu entwirren oder aber Stylingprodukte in deine Haare einzuarbeiten.

Locken-Pick

Ein Locken-Pick ist perfekt geeignet, um Volumen in deinen Haaransatz zu bringen. Von Vorteil ist, dass du hiermit Frizz vermeiden kannst, da dieser deine Locken nur wenig berührt.

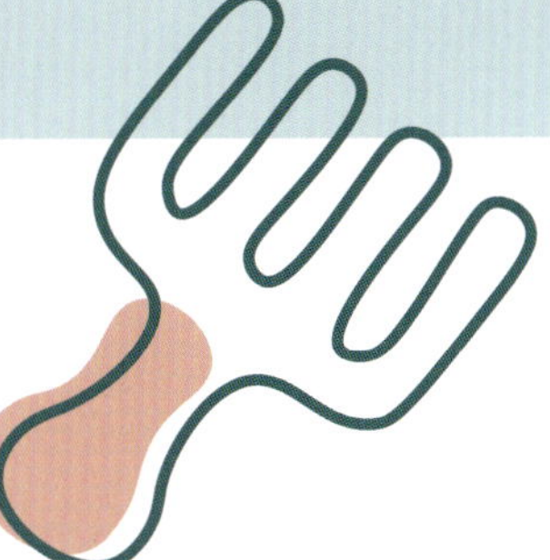

Mein Tipp

Der Locken-Pick ist einer meiner Geheimwaffen für Volumen am Haaransatz, ohne dass Frizz entsteht.

Seidig weicher Kissenbezug

Ein seidig weicher Kissenbezug (z. B. aus Seide oder Bambus) raut deine Haare im Gegensatz zu einem herkömmlichen Baumwoll-Kissenbezug nicht allzu stark auf. Die Bündelung deiner Locken bleibt so länger erhalten und deinen Haaren wird nicht allzu viel Wasser entzogen.

11 Probleme & Lösungen

Auch wenn du deine Locken schon gut kennst, gibt es ab und an Momente, in denen du deine Haare auf einmal nicht mehr verstehst. In diesem Kapitel verrate ich dir, welche Herausforderungen es gibt und wie du sie lösen kannst.

Moisture Overload

Moisture Overload bedeutet zu Deutsch ‚Feuchtigkeitsüberschuss'. Deine Haare erleiden einen Moisture Overload, wenn die Balance zwischen Feuchtigkeitszufuhr und Proteinzufuhr gestört ist. Kurz gesagt, deine Haare haben zu viel Feuchtigkeitspflege abbekommen.

Daran erkennst du einen Moisture Overload

- Deine Haare sehen nass aus, auch wenn sie trocken sind.
- Deine Haare fühlen sich strähnig an.
- Deine Locken hängen sich mit der Zeit aus.
- Du kannst deine Haare in die Länge ziehen, ohne dass sie reißen.
- Deine Haare fühlen sich sehr weich und schlaff an.
- Du bekommst schneller Frizz.

Gründe für einen Moisture Overload

Es gibt einige Faktoren, die für den Feuchtigkeitsüberschuss in deinen Haaren verantwortlich sind. Der häufigste Grund für zu viel Feuchtigkeit im Haar ist die Verwendung von Produkten mit zu reichhaltigen Inhaltsstoffen. Sie versorgen deine Haare mit zu viel des Guten, so dass sie es nicht mehr aufnehmen können. Qualitativ minderwertige Produkte können dies übrigens begünstigen.

Gerade zu Beginn der neuen Haarpflege ist man motiviert, seinen Locken etwas Gutes zu tun. Haarkuren pflegen deine Haare zwar, zu viel davon kann jedoch auch zu viel Feuchtigkeit bedeuten. Ein weiterer Grund für den Moisture Overload kann auch das ständige Schlafen mit nassen Haaren oder einer Haarkur sein.

So beseitigst du den Moisture Overload

1. Reinige deine Haare gründlich (z. B. mit einem Tiefenreinigungsshampoo, Seite 65).
2. Verwende eine Tiefenpflege mit Proteinen.
3. Gleiche deine Haarpflege-Routine an – du solltest ab jetzt auch proteinhaltige Produkte in deine Haarpflege mit einbauen.

LOCKENBUCH.DE/00065

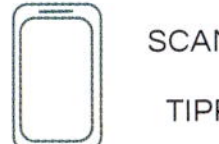

SCANNE DEN QR CODE FÜR WEITERE TIPPS & PRODUKTEMPFEHLUNGEN

Protein Overload

Protein Overload bedeutet ‚Proteinüberschuss'. Man spricht von einem Proteinüberschuss, wenn die Balance zwischen Proteinen und Feuchtigkeit verloren geht und zu wenig Feuchtigkeit im Haar ist.

Gründe für einen Proteinüberschuss

Mit hoher Wahrscheinlichkeit hast Du zu viele proteinhaltige Haarpflegeprodukte verwendet. Auch zu starke Protein-Haarkuren können zu einem Protein Overload führen.

Daran erkennst du ihn

- Du hast sprödes Haar.
- Deine Locken sind extrem trocken und knistern, wenn du sie berührst.
- Du hast brüchige Haare.
- Die Haare sind steif und locken nicht so stark.
- Deine Haare glänzen nicht mehr.
- Die Haare verknoten sich leichter.

So beseitigst du einen Proteinüberschuss

1. Reinige deine Haare mit einem Tiefenreinigungsshampoo.
2. Kuriere dein Haar mit einer Feuchtigkeitsmaske.
3. Balanciere deine Haarpflegeprodukte aus, da du sowohl Produkte mit Proteinen benötigst als auch solche, die den Feuchtigkeitsanteil in deinen Haaren erhöhen.

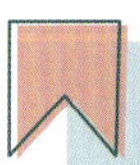

Merke dir

Hast du möglicherweise Kokos-Öl verwendet? Kokos-Öl enthält keine Proteine, kann aber bei einigen Lockenköpfen ähnliche Symptome wie bei einem Proteinüberschuss verursachen.

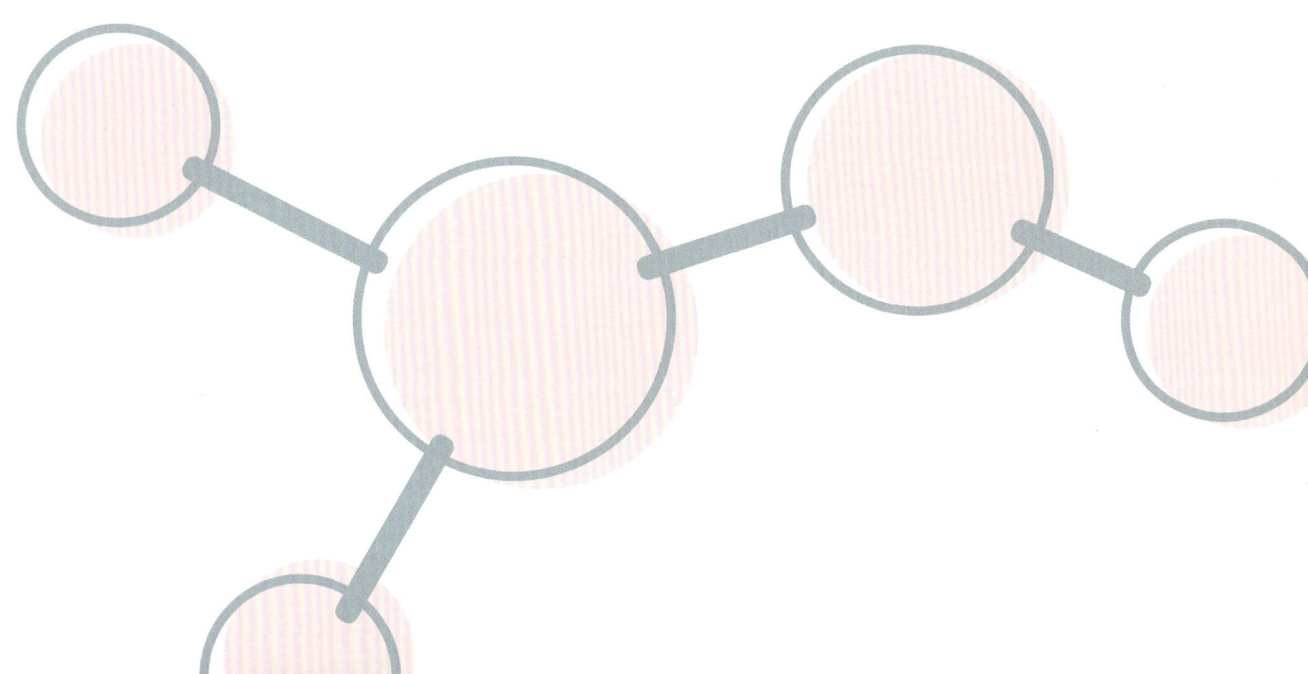

Feuchtigkeitsbedarf

DEINE HAARE
- sehr trockene Haare
- sehr trockene Spitzen
- Haare verknoten leicht
- spröde Haare
- Frizz

DEINE HAARE BRAUCHEN
- Feuchtigkeit

Proteinbedarf

DEINE HAARE
- strähnige Haare
- Haare sind schlaff
- Locken hängen sich schnell aus
- Haare chemisch behandelt (Farbe)

DEINE HAARE BRAUCHEN
- Proteine

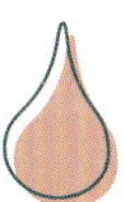

Proteinüberschuss

DEINE HAARE
- stumpfe Haare, die schmutzig aussehen
- Haare brechen schnell
- Haare knistern
- Haare fühlen sich übermäßig trocken an

DEINE HAARE BRAUCHEN
- Tiefenreinigung
- Feuchtigkeit

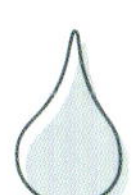

Feuchtigkeitsüberschuss

DEINE HAARE
- Haare sehen nach dem Waschen sofort fettig aus
- Styling kaum möglich, hängt sich sofort aus
- Haare sind zu weich, fast schon gummiartig

DEINE HAARE BRAUCHEN
- Tiefenreinigung
- Proteine

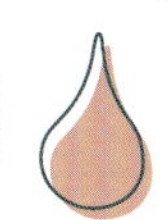

Abb. 34: Haarbedürfnisse

Frizz

So gut wie jeder Lockenkopf kennt Frizz – eine kleine Schicht sehr krauser Haare, die sich fast schon wie eine Aura um den Haaransatz legen kann. Was die einen als normal empfinden, stört andere erheblich.

Was ist Frizz?

Als Frizz bezeichnet man das unkontrollierte Aufstellen von Haaren. Dabei kann die äußerste Schicht der Haare, auch Schuppenschicht genannt, beschädigt oder aufgeraut sein. Die Schuppenschicht deiner Haare besteht aus winzigen, sich überlappenden Schuppen, die wie Dachziegel angeordnet sind. Bei gesundem Haar liegen diese Schuppen flach und glatt an und bilden eine Schutzschicht, die das Haar vor äußeren Einflüssen wie Sonnenstrahlen oder Hitze schützt. Diese Schuppen- schicht hält auch die Feuchtigkeit im Haar und sorgt letztendlich dafür, dass das Haar glänzt und geschmeidig ist.

Wenn die Schuppenschicht beschädigt ist, kann sie nicht mehr richtig arbeiten und raut auf. Dadurch kann Feuchtigkeit leichter in dein Haar eindringen, aber auch schneller wieder entweichen. Das Haar kann sich zudem aufplustern und auf Dauer zusätzlich austrocknen, weil dadurch auch die natürlichen Öle verloren gehen.

Wie entsteht Frizz?

Es gibt viele verschiedene Faktoren, die Frizz begünstigen. Im Folgenden zeige ich dir die häufigsten Ursachen:

Zu trockene Haare

Die häufigste Ursache für Frizz sind in der Tat zu trockene Haare. Stell dir vor, du wärst in der Wüste unterwegs und sehnst dich nach Wasser. Sollte es regnen, würdest du mit Sicherheit auch deinen Kopf in Richtung Himmel strecken und versuchen, ein paar Regentropfen zu ergattern, oder? Genauso verhalten sich deine Haare.

Sehr hohe Luftfeuchtigkeit in den Sommermonaten
Auch wenn du deine Haare gut pflegst, können sie bei hoher Luftfeuchtigkeit eine andere Pflege benötigen als sonst.

Luftfeuchtigkeit in den Wintermonaten

Hast du auch manchmal das Problem sehr trockener Haut im Winter? Trockene Heizungsluft lässt die Luftfeuchtigkeit in den Räumen sinken. In den Wintermonaten benötigen deine Haare auch oftmals reichhaltigere Haarpflege-Produkte.

Falsche Haarpflege-Produkte

Bei der Haarpflege solltest du mindestens schädliche Inhaltsstoffe wie austrocknende Alkohole, wasserunlösliche Silikone und Sulfate vermeiden. Die falschen Inhaltsstoffe in der Haarpflege können deine Haare austrocknen und begünstigen zudem Frizz.

Hitze beim Haarstyling

Hitze kann auch eine Ursache für das Hochstehen deiner Haare sein. Deshalb solltest du beim Trocknen oder Haarstyling unbedingt zu hohe Temperaturen vermeiden. Verwendest du einen Föhn, solltest du ihn mit Diffusor und auf der niedrigsten Hitze-Stufe verwenden.

Falsche Haarpflege-Technik

Auch die Art wie oder mit welchen Hilfsmitteln du deine Haarpflegeprodukte in dein Haar einarbeitest ist verantwortlich für einen ungünstigen Zustand deiner Haare.

Tipps gegen Frizz

- Versorge deine Locken mit Feuchtigkeit, so z. B. durch Haarmasken.
- Trage Stylingprodukte auf triefend nasses Haar auf. Hierdurch wird die Feuchtigkeit in den Haaren eingeschlossen, was Frizz minimieren kann.
- Nutze die Bowl Methode, um deine Locken zu hydratisieren. Mehr dazu findest du auf Seite 90.
- Wet Plopping (siehe Seite 95) ist hervorragend dafür geeignet, deine Locken mit Feuchtigkeit zu versorgen.
- Nutze die Praying Hands Methode (Seite 84), um Produkte in deine Haare einzuarbeiten.
- Verwende ein Mikrofaser-Handtuch, damit deine Haare nicht aufrauen.

Haarausfall

Nicht immer ist der Verlust der Haare normal und so solltest du dich als erstes auf Ursachenforschung begeben, weshalb deine Haare übermäßig stark ausfallen und welche Art bei dir zutrifft. Bist du dir unsicher, suche unbedingt einen Arzt auf und lass dich beraten.

Was ist Haarausfall?

Haare fallen im normalen Wachstumsprozess immer wieder aus und wachsen von neuem nach (siehe Seite 12). Doch wenn du merkst, dass mehr Haare ausfallen als nachwachsen, scheint Haarausfall vorzuliegen. Man spricht von Haarausfall, wenn du über mehrere Wochen hinweg mehr als ca. 100 Haare am Tag verlierst. Dann ist der Wachstumszyklus deiner Haare gestört.

Formen des Haarausfalls

- Erblich bedingter Haarausfall (Androgenetische Alopezie)
- Kreisrunder Haarausfall (Alopecia Areata)
- Diffuser Haarausfall (Alopecia Diffusa)

Ursachen für Haarausfall

Es gibt ganz unterschiedliche Ursachen für vorübergehenden Haarausfall, die ich dir hier zeige:

Stress

Stress kann sich auch auf deine Haare auswirken und es kann bei starken Stresssituationen auch zum Haarverlust kommen. Dabei schüttet dein Körper vermehrt das Hormon Cortisol aus, was den Wachstumszyklus der Haare unterbrechen kann und als Folge zu Haarausfall führen kann.

Falsche Ernährung

Falsche Ernährung ist möglicherweise auch ein Grund dafür, dass du Haare verlierst. Du kannst die besten Haarpflegeprodukte nutzen, doch wenn du deinem Körper schlechtes Essen zukommen lässt, können auch deine Haare darunter leiden. Schlechte Fette, zu fleischhaltiges Essen und fehlende Vitamine sind oftmals Ursachen für weniger nachwachsende Haare.

Krankheit

Eine nicht entdeckte Krankheit kann auch der Auslöser sein. Sofern du den Eindruck hast, dass der Ausfall deiner Haare unnormal ist, solltest du einmal zum Arzt gehen und dich untersuchen lassen. Durch einen Bluttest kannst du eine unentdeckte Krankheit oder aber auch eine Mangelerscheinung an Vitaminen und Nährstoffen aufdecken.

Hormoneller Umschwung

Ein hormoneller Umschwung wie z. B. bei einer Schwangerschaft, während der Stillzeit oder in den Wechseljahren können deine Haare auch ausfallen lassen. Leidest du, solltest du unbedingt deinen behandelnden Arzt ansprechen.

Medikamente

Starke Medikamente können auch den Ausfall deiner Haare auslösen. Auch hierbei solltest du unbedingt Rücksprache mit deinem Arzt halten.

Kopfhaut

Deine Kopfhaut ist aus dem Gleichgewicht geraten. Dies kann sich nicht nur in Schuppen und Juckreiz äußern, sondern als Folge auch Haarausfall begünstigen.

Haare Färben und chemische Behandlung

Häufiges Haare färben ist auch eine mögliche Ursache, dass du den Eindruck von Haarausfall hast. Tatsächlich kann deine Haarstruktur davon allerdings so geschädigt sein, dass die Haare abbrechen.

Hitze

Zu heißes Styling – zum Beispiel mit einem Föhn oder einem Glätteisen – kann auch ein Grund dafür sein, dass deine Haare abbrechen und du den Eindruck hast, dass sie dir ausfallen.

Tipps gegen Haarausfall

Besteht der Haarausfall bei dir noch nicht lange, kannst du meine folgenden Tipps befolgen.

- **Reduziere Stress!** Wenn du merkst, dass du während einer sehr stressigen Phase vermehrt Haare verlierst, solltest du darauf achten, dass du deine Gewohnheiten änderst und du dich aktiv entspannst. Denn so wird dein Haarwachstum wieder angeregt und die Haare können nachwachsen.

- **Ernähre dich gesund!** Wenn du eine ausgewogene Ernährung mit viel Obst und Gemüse verfolgst bekommt dein Körper alle wichtigen Vitamine und Mineralien, die gut für dein Haarwachstum sind und somit dem Haarausfall entgegenwirken können. Nahrungsergänzungsmittel sind meist nicht nötig!

- **Achte auf genügend Schlaf.** Denn ausreichend Schlaf mindert nicht nur deinen Stress, sondern deine Haare erholen sich insbesondere während des Schlafs. Genau genommen erholen sich deine Haarwurzeln und danken es dir mit einem besseren Haarwachstum, der auch dem Haarausfall entgegenwirkt.

- **Pflege deine Kopfhaut.** Eine gesunde Kopfhaut ist die Basis für gesundes Haarwachstum. Ich empfehle dir eine leichte Kopfhautmassage mit einem geeigneten Haaröl. Sie sorgt für eine gute Durchblutung der Kopfhaut und sorgt auch dafür, dass deine Haare schneller (nach)wachsen.

- **Bleibe in Bewegung!** Sport und Bewegung tun deinem Körper gut und auch dies kann gegen ausfallende Haare helfen.

Merke dir

Sollte dein Haarausfall länger anhalten, empfehle ich dir, einen Arzt aufzusuchen und dich gründlich untersuchen zu lassen.

Juckende Kopfhaut

Eine gesunde Kopfhaut ist die Basis für gesunde Haare und ein gesundes Haarwachstum. Doch wie pflegt man eigentlich seine Kopfhaut richtig? Einige Lockenköpfe, die sich neu mit der Haarpflege beschäftigen, stellen nach einiger Zeit fest, dass ihre Kopfhaut zu jucken beginnt. Ich zeige dir mögliche Ursachen und wie du sie beseitigen kannst.

Juckende Kopfhaut kann sehr lästig sein und eins lässt sich kaum vermeiden: Kratzen! Und schon beginnt ein Teufelskreis, denn das Kratzen verletzt die Hornschicht der Haut (deine Hautoberfläche), deine Kopfhaut kann sich entzünden und auch schmerzen.

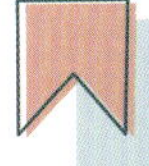

Merke dir
Während der Transformationsphase zu einer gesunden Lockenpflege kann auch deine Kopfhaut mit Juckreiz reagieren. Dies sollte sich jedoch schnell legen und geeignete Hausmittel können dir hier schnell Linderung bringen.

Gründe für eine juckende Kopfhaut

Häufiges Haarewaschen

Die am einfachsten zu behebende Ursache für eine juckende Kopfhaut ist, wenn sie schlichtweg zu trocken ist. Für diese Ursache gibt es gleich mehrere Gründe: Gerade zu Beginn deiner Lockenreise kann es sein, dass du deine Haare häufiger wäschst. Dies kann deine Kopfhaut belasten, wenn du nicht zusätzlich auch deine Haut auf dem Kopf pflegst. Bei zu trockener Kopfhaut hast du zu wenig Talg auf der Kopfhaut, was zu Juckreiz führt. Diese trockene Kopfhaut kann übrigens sogar trockene Schuppen hervorrufen. bei denen es sich um sehr helle, kleine Hautfetzen handelt, die sich absetzen. Eine trockene, juckende Kopfhaut ist mit den im nächsten Abschnitt genannten Hausmitteln und Tipps leicht zu beheben.

Stress

Du wirst es nicht glauben, doch Stress ist eine der häufigsten Ursachen für eine gereizte, juckende Kopfhaut. Denn wenn du über einen längeren Zeitraum unter Stress stehst, schüttet dein Körper vermehrt das Hormon Cortisol aus, das die Hauterneuerung verlangsamt. Deine Haut – insbesondere die empfindliche Kopfhaut – ist dann anfälliger für Entzündungen.

Schuppen

Auch Schuppen können dazu führen, dass deine Kopfhaut juckt. Diese nennt man dann fettige Schuppen, die eher gelblich aussehen und auf der Kopfhaut kleben bleiben. Sie entstehen, wenn du zu viel Talg auf deiner Kopfhaut hast.

Irritation durch Inhaltsstoffe

Deine Kopfhaut kann durch bestimmte Inhaltsstoffe deiner Haarpflegeprodukte irritiert sein, was sich häufig durch eine juckende Kopfhaut zeigt. Zum einen kann deine Haut am Kopf irritiert sein, weil du nicht alle Produkte (Shampoo, Conditioner) herausgewaschen hast. Zum anderen können bestimmte Inhaltsstoffe auch grundsätzlich Irritationen auslösen (siehe Seite 55).

Hast du deine Haarpflegeprodukte in Verdacht, solltest du dir die Inhaltsstoffe deiner Produkte notieren und nach einer bestimmten Zeit wechseln. Juckt deine Kopfhaut nach dem Wechsel nicht mehr, vergleiche die Inhaltsstoffe (INCIs). So kannst du herausfinden, ob deine Kopfhaut allergisch reagiert.

Stylingprodukte an der Kopfhaut

Wenn du deine Stylingprodukte bis an den Haaransatz bringst, werden sie auch entsprechend auf die Kopfhaut gelangen. Ähnlich wie bei den Pflegeprodukten kann dies deine Haut irritieren, die sich mit Jucken bedankt.

LOCKENBUCH.DE/00068

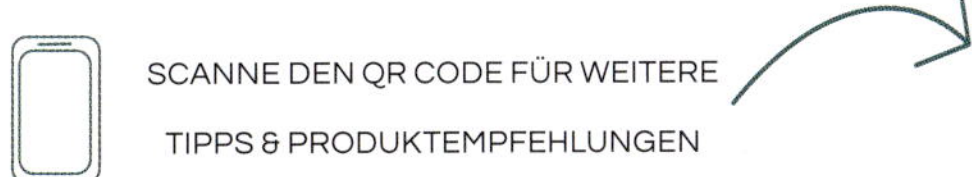

Zu heißes Wasser

Liebst du eine heiße Dusche? Sehr warmes Wasser kann entspannend auf deine Muskeln wirken. Doch deine Kopfhaut kann dies austrocknen und stressen.

Hormone

Dieser Punkt ist für sich genommen schon ein großes Thema. Ist dein Hormonhaushalt aus dem Gleichgewicht geraten, kann dies dazu führen, dass deine Kopfhaut juckt. Die Gründe für hormonelle Schwankungen können vielfältig sein, z. B. eine Schwangerschaft, die Menopause (Wechseljahre) oder eine Schilddrüsenunterfunktion. Lass dies unbedingt von einem Arzt abklären.

Ekzeme und Pilze

Insbesondere Hautpilze auf der Kopfhaut können sehr lästig sein, da sie sowohl rote, entzündete Hautreaktionen und/oder sogar Schuppen. hervorrufen können, die jucken. Ekzeme können die Ursache für eine juckende Kopfhaut sein. Ist deine Vermutung, dass deine Hautreaktion durch einen Pilz verursacht wird, suche unbedingt einen (Haut-)Arzt auf. Denn es kann sein, dass du diese am besten mit geeigneten Tinkturen oder Shampoos (z. B. Antimykotika) behandeln musst.

Kopfläuse

Auch wenn kaum einer gerne darüber spricht: Es gibt Kopfläuse und gerade wenn du Kinder im Kita- oder Schulalter hast, gibt es eine reelle Chance, dass du die ungeliebten Tierchen auch einmal abbekommst. Erst, wenn schon reichlich Tierchen in den Haaren sitzen, wirst du ein Jucken an der Kopfhaut merken, deswegen solltest du, falls jemand im Bekannten- oder Verwandtenkreis betroffen sein sollte, deine Haare gut unter die Lupe nehmen und gegebenenfalls entsprechend behandeln. Lass dich hierbei von deinem Arzt oder Apotheker beraten.

Vorsicht

Hast du das Gefühl, dass sich deine juckende Kopfhaut nicht schnell bessert? Dann scheue den Gang zum Arzt nicht und lasse die Symptome abklären.

Hausmittel gegen trockene Kopfhaut

Doch was hilft gegen juckende Kopfhaut? Ich habe mich auf die Suche begeben, habe dir die besten Hausmittel, Tipps und Produkte herausgesucht, die du direkt zu Hause umsetzen kannst, um einer juckenden Kopfhaut entgegenzuwirken.

Saure Rinse

Das mitunter einfachste Hausmittel gegen juckende Kopfhaut ist die Saure Rinse. Mit der Kombination aus Wasser und Apfelessig kannst du den pH-Wert deiner Kopfhaut wieder ins Gleichgewicht bringen und Build-Up durch Kalk entfernen. Das Rezept hierfür findest du auf Seite 147.

Leinsamengel

Es spendet nicht nur den Haaren Feuchtigkeit, sondern kann auch ein Segen für trockene, juckende Kopfhaut sein. Mein Rezept für Leinsamengel verrate ich dir auf Seite 145.

Olivenöl

Auch eine Kopfmassage mit Olivenöl kann eine deutliche Linderung bringen. Dabei kannst du das Olivenöl gerne eine Weile auf der Kopfhaut belassen, so dass es einwirken kann.

Honig–Olivenöl–Joghurt–Haarmaske

Vielleicht kennst du die Verwendung von Joghurt bereits bei Hautirritationen wie Sonnenbrand (mein absoluter Favorit!). In Kombination mit Honig versorgt diese DIY-Haarmaske deine Kopfhaut (und auch Haare) mit Feuchtigkeit, während der Honig zudem entzündungshemmend wirkt. Das Rezept zu dieser DIY-Haarmaske findest du auf Seite 152.

A–E–Ö

Ein Schuss Apfelessig, Eigelb und Olivenöl: Auch dieses Hausmittel ist in Kombination gut gegen juckende Kopfhaut geeignet und kann deine Kopfhaut entspannen. Du hast nicht alles im Haus? Dann kannst du ersatzweise auch Mayonnaise nehmen.

Thymian

Thymian ist bekannt dafür, pilzhemmend zu wirken. Du kannst frischen Thymian in kochendes Wasser geben und dieses rund 10-15 Minuten kochen lassen. Anschließend lässt du den Sud abkühlen und gibst ihn nach der Haarwäsche auf die Kopfhaut. Lasse es rund 30-40 Minuten einwirken und spüle es wieder aus. Dieser Sud hilft sehr gut auch bei fettigen Schuppen. Lies dazu mehr auf Seite 149.

Weitere hilfreiche Tipps

Auch diese Tipps helfen dir, deine Kopfhaut wieder ins Gleichgewicht zu bringen.

Ausreichend Schlaf

Auch wenn du es nicht hören magst, manchmal hat der Tipp ‚Schlaf ist die beste Medizin' seine Richtigkeit. Dies hat hinsichtlich deiner Kopfhaut zwei Gründe. Zum einen wird die Zellerneuerung insbesondere während deines Schlafs angeregt, wodurch sich auch deine Kopfhaut im Schlaf regeneriert. Zum anderen kannst du mit ausreichend Schlaf auch möglichen Stress herunterfahren. Du siehst also, Schlaf ist in vielerlei Hinsicht hildfreich!

Gesunde Lebensweise

Je gesünder du dich ernährst, desto gesünder ist auch deine Kopfhaut! Obst und Gemüse versorgen dich mit Vitaminen und Nährstoffen, die auch deiner Haut gut tun!

Trinke ausreichend Wasser

Ein weiterer ganz einfach umzusetzender Tipp gegen juckende Kopfhaut ist, deine Trinkmenge zu erhöhen. Denn damit kurbelst du die Zellerneuerung an.

Reduziere deinen Stress

Auch wenn du unter Spannung und Dauerstress stehst. Schon ein paar bewusste Minuten täglich sind Gold wert und können dazu beitragen, dass deine Kopfhaut sich erholt. Bevor du jetzt an 60 Minuten Meditation oder ähnliches denkst, fang doch erst einmal klein an. Wie wäre es zum Beispiel, wenn du dir einen Tee kochst und dir diese Auszeit ganz bewusst nimmst?

Lauwarmes Wasser

Wasche deine Haare mit lauwarmen Wasser, da heißes Wasser deine Haut zu sehr austrocknet. Möchtest Du noch die Durchblutung fördern, spüle sie zum Schluss mit kaltem Wasser aus.

Produkte richtig verwenden

Bringe Stylingprodukte nicht direkt an deine Kopfhaut, da einige Inhaltsstoffe zu Irritationen führen können. Wasche deine Pflegeprodukte gründlich aus, sodass sie nicht mehr auf der Kopfhaut sind und sie irritieren können.

Kopfhaut massieren

Sofern du deine Haare nur mit einem Conditioner wäschst (Co-Wash), solltest du unbedingt deine Kopfhaut beim Waschen ausreichend massieren, da du dabei den Schmutz und Dreck manuell lösen musst. Ich kann dir hierfür unbedingt eine Massagebürste empfehlen, mit der du deine Kopfhaut nicht verletzt.

12 DIY-Rezepte: Haarpflege selbst herstellen

In diesem Kapitel zeige ich dir, wie du deine eigenen Pflegeprodukte herstellen kannst! Alles was du benötigst, sind ein paar einfache Zutaten, die du vielleicht schon in der Küche hast, etwas Zeit und eine Portion Neugier. Ich führe dich durch eine Vielzahl von DIY-Rezepten, die ihren Platz in der Lockenwelt haben: Vom feuchtigkeitsspendenden Leave-In Conditioner bis hin zur nährstoffreichen Haarmaske, die einfach herzustellen und effektiv sind.

Leinsamengel: DIY-Leave-In

Leinsamengel ist mitunter die natürlichste Art, Locken zu definieren und mit Feuchtigkeit zu versorgen. Die Pflanze Lein gehört zu den ältesten Heilpflanzen der Welt. Leinsamen sind vor allem in der Küche bekannt, da die Schleimstoffe und Öle der Leinsamenschale als wohltuende Darmpflege bekannt sind. Was dem Körper innen gut tut, kann äußerlich auch wahre Wunder wirken.

Für wen ist Leinsamengel geeignet?

Es ist für jeden Haartyp geeignet, der trockene Haare hat und seinen Haaren Feuchtigkeit zuführen möchte.

Was bewirkt Leinsamengel?

Leinsamengel ist perfekt für die Haarpflege geeignet, weil es deinen Haaren auf ganz natürliche Weise Feuchtigkeit spendet. Es ist ein sehr guter Filmbildner und kann – kombiniert mit seinen feuchtigkeitsspendenden Eigenschaften – helfen, Frizz zu reduzieren.

Das Leinsamengel kannst ganz einfach und unkompliziert selber herstellen. Hierfür benötigst du nur einen kleinen Kochtopf, ein Sieb, einen Herd und einen kleinen sauberen Behälter (z. B. ausgekochte Marmeladengläser)..

Zubereitung: 5 Minuten
Ausspülen: NEIN

Rezept

50 g Leinsamen (ganz, d. h. ungeschrotet)

300 ml Wasser

Optional kannst du eines oder mehrere der folgenden Zutaten beimengen:

5 Tropfen Arganöl

5 Tropfen Mandelöl

5 Tropfen Vitamin-E Öl

1 TL Honig

1–3 Tropfen Seidenproteine

Zubereitung

1. Koche das Wasser mit den Leinsamen unter ständigem Rühren auf und lass sie auf mittlerer Stufe rund 3-4 Minuten köcheln. Sobald die Masse sehr dünne Fäden zieht, ist das Gel fertig.
2. Gieße das Gel durch ein Sieb ab und fange es in dem ausgekochten Behälter auf.
3. Optional kannst du vor dem Sieben das Arganöl und/oder den Honig hinzufügen und noch einmal kräftig umrühren.
4. Lass das Gel abkühlen. Diese Menge reicht je nach Haarlänge für 2-4 Anwendungen. Das Leinsamengel ist eine durchsichtige Masse, die sehr glibberig ist, vergleichbar in etwa mit Wackelpudding.

Hinweis

Ist dein gekochtes Leinsamengel zu dickflüssig? Kannst du es womöglich gar nicht sieben? Dann hast du es zu lange köcheln lassen. Versuche beim nächsten Mal den Punkt zu finden, an dem nur ganz feine Fäden entstehen.

Vorkochen von Leinsamengel

Auch wenn Leinsamengel schnell gekocht ist, ist nicht immer genug Zeit vorhanden, um es frisch anzusetzen. Du kannst es jedoch auch gut vorkochen und einfrieren. Damit du es später portionsweise auftauen kannst, eignet sich ein Eiswürfelbehälter sehr gut für das Einfrieren!

Mein Tipp

Koche das Leinsamengel zunächst pur ohne weitere Zusätze, um zu sehen, ob es zu deinen Haaren passt. Anschließend kannst du es mit den optionalen Zutaten anpassen.

Anwendung

Du nimmst das DIY-Haargel und verreibst es in den Handflächen. Anschließend gleitest du mit den flachen Händen durch deine tropfnassen Haare. Es kann eine Weile dauern, bis du den richtigen Dreh raus hast und kein Gel mehr daneben geht. Du hast genügend Gel verwendet, wenn sich deine Haare richtig glibberig, ähnlich wie Algen, anfühlen. Anschließend kannst Du die Haare wie gewohnt stylen und trocknen.

Wie lange hält Leinsamengel?

Leinsamengel hält im Kühlschrank rund 1 Woche. Eingefroren ist es mehrere Monate haltbar, verwende es nach dem Auftauen jedoch zügig.

Saure Rinse: DIY-Haarspülung

Die Saure Rinse ist eine Essig-Wasser-Haarspülung, die du ganz einfach aus nur zwei Komponenten, die fast jeder im Haus hat, selbst herstellen kannst. Fühlt sich dein Haar stumpf an, kann diese DIY-Haarspülung dir helfen, es wieder zum Glänzen zu bringen. Das kommt daher, weil sie die Haarstruktur schließt und dazu auch Kalkrückstände aus dem Haar entfernt. Sprödes, trockenes Haar wird dabei weich.

Zubereitung: 3 Minuten
Ausspülen: NEIN

Rezept

1 Liter kaltes Wasser
für noch bessere Ergebnisse kannst du destilliertes Wasser verwenden

2 EL Essig (am besten eignet sich Apfelessig)

Zubereitung

Die Zubereitung ist ganz einfach. Du vermengst den Essig mit dem kalten Wasser – fertig ist deine DIY-Haarspülung. Wichtig: Bereite diese Spülung immer frisch zu!
Essig: Anstelle von Apfelessig kannst du auch Kräuteressig, Balsamico-Essig oder sogar Zitronensaft verwenden. Nimmst du Zitronensaft, solltest du lediglich 1 TL verwenden.

Mein Tipp

Ist dir der Geruch des Essigs zu streng, kannst du auch einige Tropfen ätherische Öle hinzufügen. Teebaumöl pflegt die Kopfhaut übrigens sehr gut. Der Geruch des Essigs verfliegt nach dem Haare trocknen jedoch auch von allein.

Anwendung

Nach der Haarwäsche spülst du deine Haare mit der sauren Spülung. Die Spülung bleibt im Haar und wird nicht ausgewaschen. Willst du deiner Kopfhaut etwas Gutes tun, massierst du diese rund 30 Sekunden ein.

Was bewirkt eine Saure Rinse?

Sie sorgt dafür, dass der pH-Wert deiner Kopfhaut und Haare ausbalanciert wird, weil sie selbst einen sehr niedrigen pH-Wert hat und somit dem hohen pH-Wert von Shampoos und anderen Haarpflegeprodukten entgegenwirkt.

Für wen ist Saure Rinse geeignet?

Sie ist perfekt für dich geeignet, wenn du trockenes, widerspenstiges Haar hast und/oder du in einem Gebiet mit hartem Leitungswasser wohnst. Die Saure Rinse ist für jeden Haartypen geeignet, sie wirkt allerdings sehr gut bei trockenem Haar, da Locken bereits eine aufgeraute Schuppenschicht der Haare besitzen.

Wie oft solltest du Saure Rinse verwenden?

Ich empfehle dir, auf deine Kopfhaut und Haare zu hören. Ein guter Start kann gelingen, wenn du die Saure Rinse wöchentlich anwendest. Je trockener dein Haar ist, desto häufiger kannst du diese DIY-Haarspülung verwenden.

Aloe Vera: DIY-Haarkur

Eine Aloe Vera-Haarkur hat vielfältige positive Eigenschaften. Aloe Vera ist reich an essenziellen Nährstoffen wie Vitaminen, Mineralien und Aminosäuren, die das Haar stärken und ihm Glanz verleihen. Die feuchtigkeitsspendenden Eigenschaften dieser Pflanze helfen, trockenes und strapaziertes Haar zu revitalisieren und Spliss zu reduzieren. Darüber hinaus wirkt Aloe Vera beruhigend und kann bei gereizter oder juckender Haut Linderung verschaffen. Nicht zuletzt schützen ihre antioxidativen Eigenschaften das Haar vor schädlichen Umwelteinflüssen und freien Radikalen.

Zubereitung: 20 Minuten
Einwirkzeit: 10 Minuten
Ausspülen: JA

Rezept

1 Blatt der Aloe Vera

1–2 EL Olivenöl (optional)

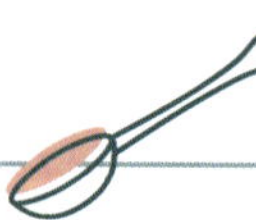

Du benötigst außerdem ein Schneidebrett, ein scharfes Messer, einen Löffel, einen Pürierstab oder Mixer, ein Sieb, eine Schüssel sowie eine Duschhaube.

Zubereitung

1. Schneide die Seiten des Blattes auf und trenne anschließend das Gel von den Blättern ab. Achte darauf, nicht den gelblichen Saft zu verarbeiten, da es sich hierbei um Aloin, das Hautirritationen hervorrufen kann.
2. Püriere das Gel anschließend im Mixer oder mit einem Pürierstab.
3. Füge optional 1-2 Esslöffel Olivenöl hinzu, insbesondere, wenn du an sehr trockener Kopfhaut leidest.
4. Siebe die pürierte Masse durch ein Sieb.
5. Säubere alle genutzten Utensilien umgehend, da der Saft braune Flecken hinterlassen kann.

Mein Tipp

Bewahre die abgelösten Blätter im Kühlschrank auf, du kannst sie für ca. 2 Wochen zur Kühlung von Brandwunden, Schnitten oder auch bei Mückenstichen verwenden.

Anwendung

Trage die Haarkur Strähne für Strähne auf dein Haar auf und verteile sie von der Kopfhaut bis in die Spitzen. Umhülle deine Haare anschließend mit einer Duschhaube und ggf. einem angewärmten Handtuch, so dass deine Haare die Haarkur noch besser aufnehmen können. Lass die DIY-Haarkur rund 5-10 Minuten im Haar einwirken. Spüle deine Haare anschließend gründlich mit lauwarmem Wasser aus und pflege sie wie gewohnt.

Für wen ist eine Aloe Vera-Haarkur geeignet?

Die Haarkur hilft dir, Frizz zu reduzieren und gleichzeitig dem natürlichen Lockenmuster Definition und Sprungkraft zu verleihen.

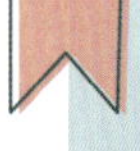

Merke dir

Vorsichtig solltest du bei der inneren Anwendung sein. Die Pflanze enthält den Inhaltsstoff Aloin und Aloe Emodin, der stark abführend wirkt. Du solltest sie daher nur zur äußeren Anwendung verwenden.

Thymian-Sud

Thymian ist bekannt für seine antimykotischen Eigenschaften und kann dazu beitragen, deine Kopfhaut zu pflegen und das Haarwachstum anzuregen.

Zubereitung: 15 Minuten
Einwirkzeit: 3 Minuten
Ausspülen: JA

Rezept

3 Esslöffel frischer Thymian
oder
1 Löffel getrockneter Thymian

1L Wasser

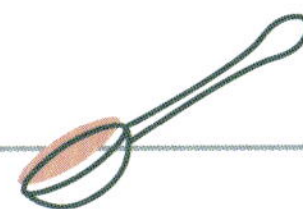

Zubereitung

1. Wenn du frischen Thymian verwendest, wasche ihn sorgfältig unter kaltem Wasser.
2. Gib das Wasser in einen Topf und bringe es zum Kochen.
3. Füge den Thymian zum kochenden Wasser hinzu und reduziere die Hitze. Lasse es etwa 10-15 Minuten auf niedriger Hitze köcheln.
4. Nimm den Topf vom Herd und lasse den Sud abkühlen.
5. Seihe den Sud durch ein feines Sieb oder ein Musselintuch, um die Thymianblätter zu entfernen.
6. Fülle den abgekühlten Sud in eine saubere Flasche oder ein anderes geeignetes Behältnis.

Anwendung

Nach dem Waschen der Haare mit Shampoo kannst du den Thymian-Sud sanft in die Kopfhaut einmassieren und ihn einige Minuten einwirken lassen, bevor du ihn dann gründlich ausspülst.

Du kannst diese Behandlung ein- bis zweimal pro Woche anwenden, um die Gesundheit deiner Haare und Kopfhaut zu fördern.

Für wen ist Thymian-Sud geeignet?

Dieser Thymian-Sud eignet sich für alle Haartypen, insbesondere wenn du trockenes oder schuppiges Haar hast. Thymian hat antimikrobielle Eigenschaften, die die Kopfhaut beruhigen und reinigen können. Der Sud kann als Spülung nach dem Shampoonieren verwendet werden.

Wie lange ist der Sud haltbar?

Da der Sud keine Konservierungsstoffe enthält, ist er im Kühlschrank etwa 1 Woche haltbar. Es ist am besten, ihn frisch zu verwenden, um von den maximalen Vorteilen zu profitieren.

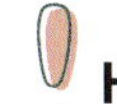

Hinweis

Solltest du eine Allergie gegen Thymian oder andere Kräuter haben, teste den Sud zunächst auf einer kleinen Hautstelle, bevor du ihn auf der Kopfhaut anwendest.

Reiswasser: DIY-Haarspülung mit Proteinen

Reis schmeckt nicht nur richtig gut, er enthält auch viele Vitamine, Antioxidantien, Aminosäuren, Mineralien und Nährstoffe, die du ohne großen Aufwand für die Haarpflege nutzen kannst. So helfen Vitamine B, C und E, ein gesundes Haarwachstum anzukurbeln.

Rezept für schnelles Reiswasser

Das schnelle Reiswasser kannst du ganz leicht beim Essen kochen herstellen. Hier musst du jedoch unbedingt darauf achten, dass du den Reis ohne Salz kochst!

Zubereitung: 10 Minuten
Einwirkzeit: 1 Minute
Ausspülen: JA

Reis, z. B. 100 g

Wasser, z. B. 600 ml (nach Kochanleitung)

Zusätzlich benötigst du noch ein Sieb, einen Kochtopf sowie ein sauberes verschließbares Gefäß (z. B. ein ausgekochtes Marmeladenglas).

Zubereitung

1. Gib den Reis in das Sieb und wasche ihn mit Wasser aus.
2. Gib den Reis in einen Kochtopf, und koche ihn nach Anleitung mit frischem Wasser auf. Verwende hierbei kein Salz.
3. Ist der Reis fertig gekocht, fängst du diesen im Sieb und das Wasser im Gefäß auf. Lass das gewonnene Wasser abkühlen.

Rezept für fermentiertes Reiswasser

Diese Art der Haarspülung kannst du auch mühelos herstellen, auch wenn du hierfür ein wenig mehr Zeit benötigst.

Zubereitung: 12–30 Stunden
Einwirkzeit: 15 Minuten
Ausspülen: JA

200 g Reis

400 ml Wasser

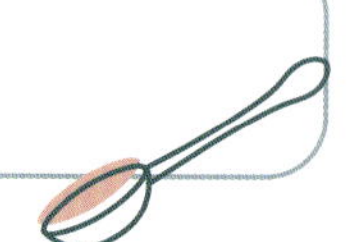

Zusätzlich benötigst du ein Sieb, eine Schüssel und ein sauberes verschließbares Gefäß.

Zubereitung

1. Gib den Reis in das Sieb und wasche ihn mit Leitungswasser aus.
2. Gib den Reis in eine Schüssel, fülle diese mit der angegebenen Menge Wasser und lass ihn ca. 30-60 Minuten unter gelegentlichem Rühren ziehen.
3. Siebe den Reis anschließend und fange das Wasser im Glas auf.
4. Lass das Wasser 12-30 Stunden bei Raumtemperatur ziehen, sodass der Fermentierungsprozess einsetzen kann. Je wärmer es ist, desto schneller fermentiert das Reiswasser.

Fermentiertes Reiswasser hat einen entscheidenden Vorteil: Es hat einen anderen pH-Wert. Dieser ist sauer und damit dem pH-Wert der Kopfhaut angepasst.

Mein Tipp

Da das fermentierte Reiswasser höher konzentriert ist, empfehle ich dir, vor Gebrauch einen Teil fermentiertes Reiswasser mit einem Teil Wasser (1:1) zu mischen.

Anwendung als Spülung

Reiswasser kannst du als Haarspülung oder auch als Haarkur für deine Locken verwenden. Beides geht einfach und unkompliziert. Das Reiswasser verwendest du wie eine Spülung für deine Locken. Hierbei ist es dir überlassen, ob du deine Haare mit einem (milden) Shampoo oder einem Conditioner wäschst. Anschließend gibst du das Reiswasser als Spülung in deine Haare und wäschst es danach mit Wasser aus. Du kannst deine Haare anschließend wie gewohnt trocknen und stylen.

Anwendung als Haarkur

Möchtest du den Pflege-Effekt verstärken, verwendest du das Reiswasser als Haarkur. Hierfür wäschst du dein Haar, gibst deine DIY Haarkur in deine Haare und setzt eine Duschhaube auf. Wärme, z. B. durch das Umwickeln der Duschhaube mit einem angewärmten Handtuch, sorgt dafür, dass die Pflege noch tiefer in dein Haar eindringt. Lass die Haarkur für 15-30 Minuten einwirken und spüle deine Haare anschließend gründlich mit Wasser aus.

Für wen ist Reiswasser geeignet?

Reiswasser ist für hoch poröse Haare geeignet, da die enthaltenen Proteine helfen, die Haare zu reparieren. Zudem kann die enthaltene Stärke den Haaransatz stärken.

Wie oft sollte man Reiswasser verwenden?

Bei einer normalen Haarstruktur empfehle ich dir, es 1-2 Mal im Monat zu verwenden. Achte unbedingt auf eine ausgewogene Feuchtigkeits- und Proteinpflege und beobachte das Verhalten deiner Haare. Übertreibst du es mit der Pflege, indem du deine Haare zu häufig mit Reiswasser spülst oder kurst, können deine Haare einen Protein-Überschuss bekommen. Erfahre mehr dazu auf Seite 136.

Honig-Olivenöl-Joghurt-Haarmaske

Diese Haarmaske ist gleichermaßen gut bei trockener Kopfhaut und zur Pflege deiner Haare. Während der Joghurt deine Kopfhaut und Haare mit einem pH-Wert von ca. 4-4,5 leicht von Ablagerungen befreit, spendet er zudem Feuchtigkeit und versorgt deine Haare mit Proteinen. Das Olivenöl pflegt deine Kopfhaut und sorgt dafür, dass die Feuchtigkeit des Joghurts in deinen Haaren verbleibt. Honig wirkt zudem entzündungshemmend.

Zubereitung: 10 Minuten
Einwirkzeit: 15 Minuten
Ausspülen: JA

Rezept

400 g Naturjoghurt

1 EL Honig

1 EL Olivenöl

Zudem benötigst du einen Löffel und eine Schüssel.

Zubereitung

Vermenge die gut gekühlten Zutaten zügig miteinander. Anschließend kannst du die Haarmaske sofort verwenden.

Anwendung

Massiere die Haarmaske in deine Kopfhaut und Haare. Lass sie anschließend rund 15 Minuten einwirken. Spüle deine Haare anschließend gründlich mit lauwarmem Wasser aus und style sie wie gewohnt.

Für wen ist die Haarmaske geeignet?

Diese DIY-Haarmaske ist für dich geeignet, wenn du Proteine in deine Haarpflege integrieren und zudem deine Kopfhaut mit Feuchtigkeit versorgen willst.

Rosmarin-Spülung

Rosmarin ist bekannt für seine vielfältigen guten Eigenschaften für deine Gesundheit. Doch wusstest du, dass du es auch für deine Kopfhautpflege und zur Anregung des Haarwachstums nutzen kannst? Ich zeige dir hier ein einfaches Rezept für eine Rosmarin-Spülung.

Zubereitung: 20 Minuten
Ausspülen: NEIN

Rezept

3 Zweige frischen Rosmarin

500 ml Wasser

Zudem benötigst du ein sauberes Glas mit Schraubverschluss und ein Sieb.

Zubereitung

1. Wasche den frischen Rosmarin gründlich.
2. Sterilisiere das Glas durch Auskochen, damit es frei von Keimen ist.
3. Lege den Rosmarin in den Topf und übergieße ihn mit dem Wasser, bis er komplett bedeckt ist. Koche alles auf und lasse den Sud anschließend rund 15 Minuten leicht köcheln.
4. Nimm den Kochtopf vom Herd und lass das Rosmarin-Wasser nun gut abkühlen.
5. Filtere die Tinktur durch ein Sieb in das vorbereitete Glas.

Anwendung

Verwende das Rosmarin-Wasser als Spülung nach dem Haarewaschen. Du kannst es in eine Sprühflasche füllen und anschließend deine Haare und Kopfhaut damit benetzen. Massiere es sanft in deine Kopfhaut ein.

Für wen ist die Spülung geeignet?

Die Rosmarin-Tinktur kann bei normalem bis trockenem Haar verwendet werden. Sie kann dazu beitragen, die Durchblutung der Kopfhaut zu fördern und somit das Haarwachstum zu unterstützen. Wenn du eine empfindliche Kopfhaut hast, teste die Tinktur zuerst an einer kleinen Stelle, um sicherzustellen, dass du nicht allergisch darauf reagierst.

Wie lange ist sie haltbar?

Das Rosmarin-Wasser solltest du im Kühlschrank aufbewahren und innerhalb von einer Woche aufbrauchen.

13 Curlypedia

Klingen viele Begriffe für dich manchmal wie eine andere Sprache? Das hat jetzt ein Ende: Hier erkläre ich dir die am häufigsten genannten Begriffe der Locken-pflege und des Stylings.

A

ACV Rinse

ACV Rinse, auch Saure Rinse, ist die englische Bezeichnung für eine Apfelessig-Spülung, die zur Reinigung der Kopfhaut und zum Ausbalancieren des pH-Wertes des Haares verwendet wird (Seite 147).

Apfelessig

Apfelessig wird gerne verdünnt als Haarspülung verwendet, um Kalkrückstände bei hartem Wasser zu entfernen. Es wirkt zudem antibakteriell (Seite 147).

Alkohole

In Haarpflegeprodukten werden Alkohole verwendet. Es gibt eine Gruppe der austrocknenden Alkohole (Seite 51), die vor allem lockige Haare zusätzlich austrocknen und jene der Fett-Alkohole (Seite 56), die pflegend sind.

B

Basen

Chemische Verbindungen, die OH-Ionen (Hydroxid-Ionen) an einen Reaktionspartner abgeben (Seite 35).

Build–Up

Build-Up bei Haaren bedeutet, dass sich Ablagerungen in diesen angesammelt haben. Build-Up kannst du mit einem geeigneten Tiefenreinigungsshampoo aus deinen Haaren entfernen (Seite 67).

C

Chelating Shampoo
Ein Chelating Shampoo ist ein Reinigungsprodukt, das spezielle Inhaltsstoffe enthält, um Mineralablagerungen, Rückstände von Stylingprodukten und andere Verunreinigungen aus dem Haar zu entfernen und es gründlich zu reinigen (Seite 66).

Curly Girl Method (CGM)
CGM ist die Abkürzung für Curly Girl Methode. Dies ist eine Haarpflege-Methode, die ursprünglich von Lorraine Massey entwickelt wurde. Hier pflegst du deine Haare auf Basis des Co-Wash (Seite 68).

Co-Wash
Co-Wash bedeutet, dass du deine Haare ohne Shampoo und nur mit einem Conditioner reinigst (Seite 68).

Curl Cream
Eine Curl Cream, auch Lockencreme genannt, ist ein Produkt, das entwickelt wurde, um Locken zu definieren und zu aktivieren. Dieses Produkt liefert Feuchtigkeit und hilft, Frizz zu reduzieren (Seite 76).

CurlSYS
Die ‚Brian McLeans CurlSYS Lockenschnitt Technik' ist eine Haarschneidetechnik, die speziell für Locken entwickelt wurde.

D

Deep Conditioner
Ein Deep Conditioner ist eine intensive Haarpflegebehandlung, die tief in das Haar eindringt, um ihm Feuchtigkeit und Nährstoffe zuzuführen. Wird auch Haarkur oder Haarmaske genannt (Seite 70).

Detangling
Ist das englische Wort für ‚entwirren'.

Diffusor
Ein Diffusor ist ein Föhn-Aufsatz, mit dem du deine Locken schonender trocknen kannst. Die Haare werden in den schalenförmigen Aufsatz gelegt, damit der Luftstrom sie indirekt trocknen kann. Du solltest ihn grundsätzlich immer verwenden, wenn du deine Locken mit einem Haartrockner föhnst.

Emollients
Dies sind Inhaltsstoffe in Haarprodukten, die helfen, die Haaroberfläche zu glätten und Feuchtigkeit einzuschließen.

Emulgator
Emulgatoren sind chemische Verbindungen, die in der Haarpflege helfen, Wasser und Öl zu mischen (Seite 48).

Feuchtigkeits-Overload
Feuchtigkeits-Overload, auch ‚Moisture-Overload' oder ‚Feuchtigkeitsüberschuss' genannt, bezieht sich auf eine übermäßige Anwendung von feuchtigkeitsspendenden Produkten auf das Haar. Das Haar kann hierdurch seine natürliche Sprungkraft und Definition verlieren (Seite 135).

Final Wash
Final Wash ist Englisch und bedeutet übersetzt ‚Letzte Wäsche'. Damit wird die Haarwäsche mit einem Tiefenreinigungsshampoo (Seite 65), bevor du mit der gesunden Lockenpflege beginnst. Es enthält keine Silikone, aber Tenside.

Finger Coiling
Eine Methode zur Definition von Locken, bei der einzelne Haarsträhnen um den Finger gewickelt werden (Seite 102).

Finger Rolling

Eine Methode zur Definition und Formung von Locken, bei der einzelne Haarsträhnen mit den Fingern eingerollt werden, nachdem ein Styling-Produkt aufgetragen wurde. Dies ermöglicht eine maximale Definition (Seite 104).

Frizz

Frizz ist das englische Wort für ‚kräuseln'. Als Frizz bezeichnet man vor allem die Haare, die sich aufgrund verschiedener Umwelteinflüsse stark kräuseln, nicht definiert vom Kopf abstehen, matt und spröde sind. Bei Locken kommt Frizz verhältnismäßig oft vor (Seite 138).

G

Gel-Cast (Cast)

Bei der Verwendung von Haargel verfestigt sich das Produkt häufig zu einer harten Schicht, die sich um das Haar legt. Den Cast kannst du leicht lösen (Seite 119).

H

Hair density

Hair density bedeutet ‚Haardichte' und bezieht sich auf die Menge der Haare auf der Kopfhaut.

Humectants

Inhaltsstoffe, die Feuchtigkeit aus der Umgebung anziehen und ins Haar einbringen.

I

INCI

INCI ist die Abkürzung für ‚International Nomenclature Cosmetic Ingredients', was ‚Internationale Nomenklatur für kosmetische Inhaltsstoffe' bedeutet. Auf der Verpackung jedes Kosmetikprodukts (also auch in Haarpflege-Produkten) müssen nach der europäischen Kosmetikverordnung die verwendeten Inhaltsstoffe deklariert sein. Oftmals findest du sie als ‚Ingredients' oder ‚Inhalt' auf der Verpackung (Seite 47).

K

Keratin

Keratin ist ein natürlich vorkommendes Protein, das in der äußeren Schicht des Haares, der Haut und den Nägeln vorkommt. Es verleiht dem Haar Stärke, Elastizität und Glanz (Seite 58).

L

Laugen

Laugen sind chemische Verbindungen, insbesondere starke Basen, die eine hohe Konzentration an Hydroxidionen aufweisen. Sie werden oft zur Reinigung, Neutralisation und in industriellen Prozessen eingesetzt (Seite 35).

Leave-In Conditioner

Leave-In Conditioner sind Haarpflegeprodukte, die nach dem Waschen aufgetragen und nicht ausgespült werden. Sie spenden Feuchtigkeit, entwirren das Haar, verleihen Geschmeidigkeit und helfen beim Schutz vor Hitze und Umweltschäden (Seite 73).

Lösungsmittel

Lösungsmittel sind in der Haarpflege chemische Verbindungen, die verwendet werden, um bestimmte Inhaltsstoffe aufzulösen oder zu verdünnen. Sie helfen bei der gleichmäßigen Verteilung der Inhaltsstoffe auf das Haar und der Produktformulierung insgesamt.

LOC-Methode

Hierbei handelt es sich um eine Technik zur Feuchtigkeitsversorgung des Haares. Nach der Haarwäsche wird der Leave-In Conditioner, dann ein Haaröl und zuletzt eine Curl Cream in die Haare eingearbeitet (Seite 81).

LOG-Methode

Dies ist eine Technik, bei der nach der Haarwäsche ein Leave-In Conditioner, Haaröl und anschließend Haargel eingearbeitet wird.

Low-Poo

Low-Poo bezieht sich auf eine Haarwasch-Methode, bei der mildere, sulfatfreie oder nur schwach schäumende Shampoos verwendet werden. Es zielt darauf ab, das Haar sanft zu reinigen, während es natürliche Öle bewahrt (Seite 65).

M

Medusa Clipping

Medusa Clipping wird auch ‚Clipping' genannt. Hier richtest du den Haaransatz während des Trocknungsvorgangs mit Haarklammern auf, so dass mehr Volumen am Haaransatz entsteht (Seite 77).

Micro Plopping

Hierbei werden die Haare nach dem Waschen mit einem Mikrofasertuch oder einem T-Shirt sanft gescruncht, um überschüssiges Wasser zu entfernen.

Moisture-Overload

Eine übermäßige Anwendung von feuchtigkeitsspendenden Produkten auf das Haar, was zu einem beschwerten, schlaffen und öligen Aussehen führen kann. Das Haar kann seine natürliche Sprungkraft und Definition verlieren (Seite 135).

N

Naked Curls

Als Naked Curls werden natürliche, ungestylte Locken bezeichnet.

No-Poo

No-Poo bedeutet, dass du bei deiner Haarpflege kein Shampoo verwendest.

P

pH-Wert

Der pH-Wert gibt an, wieviel Säure in einer Lösung enthalten ist (Seite 35).

Plopping

Plopping ist eine Technik für lockiges Haar, bei der das nasse Haar mit einem Mikrofasertuch oder T-Shirt sanft geploppt wird, um überschüssige Feuchtigkeit zu entfernen und die Lockenmuster zu verbessern (Seite 96).

Porosität

Porosität bezieht sich auf die Fähigkeit der Haare, Feuchtigkeit aufzunehmen und zu halten. Sie wird durch die Struktur der Haarschicht beeinflusst, die aus winzigen Schuppen besteht, die die äußere Schicht des Haares bilden. Je nachdem, wie offen oder geschlossen diese Schuppen sind, kann die Porosität hoch, normal oder niedrig sein (Seite 22).

Pre-Poo

Pre bedeutet ‚vor' und Poo ist die Abkürzung für ‚Shampoo'. Pre-Poo ist also die Bezeichnung dafür, was du vor der Haarwäsche machst. Bevor du deine Haare wäschst, kannst du z. B. beim Pre-Poo Öl in die Haare einmassieren. So kannst du diese vor der Haarwäsche entwirren und pflegst dabei deine Locken und Kopfhaut (Seite 74).

Proteine

Proteine in der Haarpflege sind wichtig, da sie das Haar stärken, reparieren und wieder aufbauen können. Sie helfen, Schäden zu reduzieren, die Elastizität zu verbessern und das Haar gesünder und widerstandsfähiger zu machen (Seite 58).

Protein Overload

Protein Overload – auch ‚Protein-Überschuss' genannt – tritt auf, wenn du proteinhaltige Produkte oder Behandlungen übermäßig stark auf das Haar angewendet hast. Dies kann zu sprödem, steifem und brüchigem Haar führen, da ein Ungleichgewicht der Proteine im Haar entsteht (Seite 136).

Protein Treatment

Eine Behandlung, die das Haar mit Proteinen auffüllen und damit stärken und reparieren soll.

R

Raking
Raking ist eine Styling-Methode, mit der du Haarpflege- und Stylingprodukte in deine Haare einarbeitest (Seite 85).

Roping
Mit der Roping Methode arbeitest du Stylingprodukte in deine Haare ein (Seite 88).

Säuren
Chemische Verbindungen, die H+ Ionen (Protonen) an einen Reaktionspartner abgeben (Seite 35).

Safe
Als ‚safe' werden im Allgemeinen Inhaltsstoffe genannt, die den Richtlinien der Curly Girl Methode entsprechen.

Sealing
Dies bezeichnet den Prozess der Versiegelung von Feuchtigkeit im Haar durch die Verwendung von Ölen und Butterarten nach dem Auftragen von Produkten, die den Haaren Feuchtigkeit spenden.

Scrunching
Scrunching ist eine Technik, bei der das Haar geknetet wird, um Volumen zu erzeugen, die Lockendefinition und das Lockenmuster zu verbessern (Seite 86).

Slip
Ein Begriff, der oft im Zusammenhang mit Conditionern und Leave-In Conditionern verwendet wird, um zu beschreiben, wie leicht ein Produkt durch das Haar gleitet.

SOTC
Kurz für ‚Scrunch Out The Crunch'. Es bedeutet, dass du dir den Gel-Cast aus den Haaren knetest (Seite 119).

Sulfate
Sulfate sind Salze oder Ester der Schwefelsäure, die in vielen Reinigungsprodukten wie Shampoos als anionische Tenside verwendet werden, um Fett und Schmutz zu entfernen (Seite 49).

T

Tenside
Tenside in der Haarpflege sind waschaktive Substanzen, die Fett, Schmutz und Rückstände entfernen. Sie bilden einen Schaum und ermöglichen eine gründliche Reinigung des Haares und der Kopfhaut. (Seite 49)

Transition
Als Transition bezeichnet man den Zeitraum, die deine Locken benötigen, um sich an die neue Haarpflege zu gewöhnen.

Verdickungsmittel
Verdickungsmittel in der Haarpflege sind Substanzen, die der Produktformulierung hinzugefügt werden, um die Konsistenz zu verdicken und dem Haar mehr Fülle und Volumen zu verleihen.

Wet Frizz
Bereits im nassen Zustand zeichnet sich ab, dass deine Haare zu wenig Feuchtigkeit erhalten haben und sich (zu Frizz) kräuseln.

Wet Plopping
Wet Plopping bezeichnet eine Haarpflege Technik, bei der der Leave-In Conditioner in tropfnasses Haar eingearbeitet wird und anschließend rund 10-15 Minuten in einer Duschhaube einwirken kann (Seite 95).

Index

M

N

O

P

R

S

T

U

V

W

Z

Bildnachweise

Seite	Credit
	Cover + Bilder von Laura Asja Caspari
8	© Volodymyr / Adobe Stock
9	nach (Gesundheitsinformation.de. 2022, 11. Januar)
10	nach © bilderzwerg / Adobe Stock
11	eigene, nach (Ausfelder und Noack, 2013)
12-13	nach © marrishuanna / Adobe Stock
14	© Anastasiia / Adobe Stock
15	nach (Walker, 2022)
16	© speed300 / Adobe Stock
17	© Inigo / Adobe Stock
19	© Oleg Gekman / Adobe Stock
20	© Bernadett / Adobe Stock
22	nach © art4stock / Adobe Stock
	© Vastram / Adobe Stock
	© okolaa / Adobe Stock
31	© StockPhotosArt / Adobe Stock
32	© Prostock-studio / Adobe Stock
34	© Sofia Zhuravetc / Adobe Stock
37	© cassis / Adobe Stock
38	© Steffen Kögler / Adobe Stock
44	© colnihko / Adobe Stock
62	© David Lahoud/peopleimages.com / Adobe Stock
64	© Yuliia / Adobe Stock
75	© Almond / Adobe Stock
79	© TATIANA / Adobe Stock
82	© progressman / Adobe Stock
96	© zest_marina / Adobe Stock
110	© Monstar Studio / Adobe Stock
120	© lubero / Adobe Stock
122	© Daniel / Adobe Stock
126	© pikselstock / Adobe Stock
129	© progressman / Adobe Stock
130	© mimagephotos / Adobe Stock
131	© zest_marina / Adobe Stock
133	© Alexis Scholtz/peopleimages.com / Adobe Stock
134	© Liubov Levytska / Adobe Stock

Seite	Credit
140	© progressman / Adobe Stock
144	© x insta_photos / Adobe Stock
146	© nata777_7 / Adobe Stock
147	© kellyreekolibry / Adobe Stock
148	© anatchant / Adobe Stock
149	© Dmytro / Adobe Stock
151	© Romario Ien / Adobe Stock
152	© Suraphol / Adobe Stock
	© Viktor / Adobe Stock
	© baibaz / Adobe Stock
153	© Tim UR / Adobe Stock
154	© mallmo / Adobe Stock

Weitere Hinweise

Abkürzungen

>	größer als, mehr
<	kleiner als, weniger
%	Prozent
Abb.	Abbildung
allg.	allgemein
Aufl.	Auflage
bzw.	beziehungsweise
ca.	circa, ungefähr
ggf.	gegebenenfalls
S.	Seite
sog.	so genannt
vs.	versus
z. B.	zum Beispiel

Hinweise

Die Angaben in diesem Buch wurden mit größtmöglicher Sorgfalt geprüft. Gleichwohl muss nach dem Produkthaftungsrecht betont werden, dass inhaltliche sowie sachliche Fehler nicht auszuschließen sind. Daher erfolgen alle Angaben ohne Garantie der Autorin. Die Autorin übernimmt keine Verantwortung und Haftung für inhaltliche sowie sachliche Fehler. Ich habe aber natürlich alles daran gesetzt, dir richtige und aktuelle Informationen mit auf die Lockenreise zu geben. Alle bereitgestellten Informationen und Inhalte sind für die allgemeine unverbindliche Unterstützung vorgesehen. Hast du gesundheitliche Probleme wie länger anhaltenden Haarausfall, solltest du unbedingt ärztlichen Rat einholen.

Quellenverzeichnis

Andre Walker Hair | Hair products for natural and black hair. (2022, 6. Januar). Andre Walker Hair. https://andrewalkerhair.com/#hair-type-pop

Ausfelder, V. & Noack, D. (2013). Salon 3000. Handbuch für Friseurinnen und Friseure (1. Aufl). Westermann

Azulay, R.D. The Shampoo pH can Affect the Hair: Myth or Reality? (2022, 27.Februar). National Librariy of Medicine https://www.ncbi.nlm.nih.gov/pmc/articles/PMC4158629/

Bährle-Rapp, M. (2020). Springer Lexikon Kosmetik und Körperpflege (5. Aufl). Springer.

Berthiaume, M.D., Merrifield, J.H. & Riccio, D.A. Effects of silicone pretreatment on oxidative hair damage (2022, 17. Februar). http://citeseerx.ist.psu.edu/viewdoc/download?doi=10.1.1.539.2877&rep=rep1&type=pdf

Bimczok, R. (1995). Kosmetik: Entwicklung, Herstellung und Anwendung kosmetischer Mittel.

Brown, T. L., LeMay, H. E., Bursten, B. E., Murphy, C. J., Woodward, P. M. & Stoltzfus, M. W. (2018). Chemie: Studieren kompakt (14. Aufl). Pearson Deutschland GmbH

BUND - Hormonell wirksame Inhaltsstoffe (2023, 21. Juli). https://www.bund.net/fileadmin/user_upload_bund/publikationen/chemie/kosmetik-check_studie.pdf

BVL - Kennzeichnung von Kosmetik. (2023, 21. Juli). https://www.bvl.bund.de/DE/Arbeitsbereiche/03_Verbraucherprodukte/02_Verbraucher/03_Kosmetik/02_KennzeichnungKosmetik/bgs_kosmetik_kennzeichnung_node.html

BVL - Kennzeichnung von Duftstoffen. (2023, 2. August). https://www.bvl.bund.de/DE/Arbeitsbereiche/03_Verbraucherprodukte/03_AntragstellerUnternehmen/02_Kosmetik/05_Kennzeichnung/02_Duftstoffe/bgs_fuerAntragsteller_Duftstoffe_node.html;jsessionid=F427AB9C6F4459992370B07EC9CCF821.internet982

BVL - Kennzeichnung von Kosmetik. (2023, 21. Juli). https://www.bvl.bund.de/DE/Arbeitsbereiche/03_Verbraucherprodukte/02_Verbraucher/03_Kosmetik/02_KennzeichnungKosmetik/bgs_kosmetik_kennzeichnung_node.html

CodeCheck - Silikon in Kosmetika. (2023, 23. August). https://www.codecheck.info/news/Silikon-in-Kosmetika-41056

Die Stoffgruppe der Alkohole | LEIFIchemie. (2023, 25. August). https://www.leifichemie.de/grundlagen-der-organischen-chemie/alkohole/grundwissen/die-stoffgruppe-der-alkohole

Duftstoffe. (2023, 2. August). https://www.daab.de/haut/kontaktallergie/hauptausloeser/duftstoffe

Ellsässer, S. (2020). Körperpflegekunde und Kosmetik: Ein Lehrbuch für die PTA-Ausbildung und die Beratung in der Apothekenpraxis (3. Aufl). Springer.

EV, D. G. U. (2022, 27. Februar). IFA-Praxishilfen: Kühlschmierstoffe - Lexikon: PH-Wert. https://www.dguv.de/ifa/praxishilfen/kuehlschmierstoffe/lexikon/ph-wert/index.jsp

Everyday hair care. (2021, 5. November). https://www.aad.org/public/parents-kids/healthy-habits/parents/kids/hair-grows

Fettalkohole | LEIFIchemie. (2023, 25. August). https://www.leifichemie.de/grundlagen-der-organischen-chemie/alkohole/grundwissen/fettalkohole

Gesundheitsinformation.de. (2022, 11. Januar). Wie sind Haare aufgebaut und wie wachsen sie? https://www.gesundheitsinformation.de/wie-sind-haare-aufgebaut-und-wie-wachsen-sie.html

Heymann, E. (2003). Haut, Haar und Kosmetik: eine chemische Wechselwirkung ; Handbuch für Körperpflegeberufe, Apotheker und Dermatologen (2. Aufl). Verlag Hans Huber

Hoffmann, S. (2023, 26. August). Inhaltsstoffe in Kosmetik: das versteckte Gift. geo.de. https://www.geo.de/wissen/gesundheit/16724-rtkl-raetselraten-beim-kleingedruckten-versteckte-inhaltsstoffe-kosmetik-und#tenside-zugang-fuer-schadstoffe

Horn, F. & Moc, I. (2018). Biochemie des Menschen: Das Lehrbuch für das Medizinstudium (7. Aufl). Georg Thieme Verlag.

Information on Chemicals - ECHA. (2023, 22. August). https://echa.europa.eu/information-on-chemicals

Inhaltsstoffe/INCI - Haut.de. (2023, 15. Mai). haut.de. https://www.haut.de/inhaltsstoffe-inci/

Käser, H. (2019). Naturkosmetische Rohstoffe: Wirkung, Verarbeitung, kosmetischer Einsatz (7. Aufl). Verlag Freya

Käser, H. (2021). Naturkosmetik selber machen: Das Handbuch (9. Aufl). Verlag Freya

Konservierungsmittel. (2023, 2. August). https://www.daab.de/haut/kontaktallergie/hauptausloeser/konservierungsmittel

Kosmetische mittel | Gesellschaft Deutscher Chemiker E.V. (2023, 2. August). GDCh. https://www.gdch.de/netzwerk-strukturen/fach-strukturen/lebensmittelchemische-gesellschaft/arbeitsgruppen/kosmetische-mittel.html

Mikroplastik - ECHA. (2023, 29. Oktober). https://echa.europa.eu/de/hot-topics/microplastics

Mikroplastik und Kunststoffe in Kosmetik und im Meer. (2023, 26. September). Verbraucherzentrale.de. https://www.verbraucherzen-trale.de/wissen/umwelt-haushalt/produkte/mikroplastik-und-kunststoffe-in-kosmetik-und-im-meer-26381

Mikroplastikfreie Kosmetik - Carbomer - Acrylate. (2023, 25. August). Cosmacon. https://www.cosmacon.de/mikroplastikfreie-kos-metik-2

Milde Tenside - Inhaltsstoffe kennen, Haut schützen. (2023, 25. August). LediBelle. https://ledibelle.de/pages/milde-tenside

Peters, I. B., Kerkhoff, E., Kuska, S. & Wulfhorst, B. (2021). Kosmetik - Das Buch zum Beruf (7. Aufl). Westermann

PH-Wert einfach erklärt. (2022, 27. Februar). Studyflix. https://studyflix.de/chemie/ph-wert-einfach-erklart-3987

Robbins, C.R., Reich, C. & Patel, A. Adsorption to keratin surfaces: A Continuum between a charge-driven and a hydrophobically dri-ven process (2022, 17. Februar). http://citeseerx.ist.psu.edu/viewdoc/download?doi=10.1.1.620.4397&rep=rep1&type=pdf

Schimmelpfennig, M. (2013). Giftcocktail Körperpflege: Der schleichende Tod aus dem Badezimmer. (7. Auflage). J.K. Fischer-Verlag

Schubert, S. (2021). Biochemie (2. Aufl.). UTB.

Schuhen, K. | Ursprung und Auswirkungen synthetischer Polymere in der Umwelt. (2022, 22. Februar). Wiley Analytical Science. https://analyticalscience.wiley.com/do/10.1002/gitfach.17113/full/

Stark, C. (2023, 26. September). Gifte in Kosmetika auf Gesundheitstabelle.de. https://gesundheitstabelle.de/index.php/schadstoffe-gifte/gifte-kosmetika.html

Umbach, W. (1995). Kosmetik - Entwicklung, Herstellung und Anwendung kosmetischer Mittel (2. Aufl).Georg Thieme Verlag

User, S. (2023, 7. Juli). Wasserhärte in Deutschland https://www.wasserhärte-deutschland.de

Verordnung des Europäischen Parlaments und des Rates vom 30. November 2009 über kosmetische Mittel (Nr. 1223/2009) (2022, 10. Januar). https://eur-lex.europa.eu/legal-content/DE/TXT/PDF/?uri=CELEX:32009R1223

Von Der Saal, K. (2020). Biochemie (1. Aufl). Springer Spektrum.

Witte, E. (2019). Wegweiser durch die Welt der Kosmetika: Eine kritische Auseinandersetzung mit häufig verwendeten Inhaltsstoffen. (2. Aufl). Junglück.

Wikipedia contributors. (2022, 6. Januar). Andre Walker Hair typing system. Wikipedia. https://en.wikipedia.org/wiki/Andre_Walker_Hair_Typing_System

Wasserhärte, Was ist das?. (2022, 24. Februar). Hamburg Wasser. https://www.hamburgwasser.de/?id=694

Woodford, B. (2023, 11. Juni). Every O.G. curly girl forgot about this defining technique. NaturallyCurly.com. https://www.naturallycurly.com/curlreading/learn/every-o-g-curly-girl-forgot-about-this-defining-technique

WS. (2022, 17. Februar)..Shampoos which remove: Product Build-Up. https://science-yhairblog.blogspot.com/2016/07/shampoos-which-remove-product-build-up.html

In diesem Buch stecken Monate der Recherche und Arbeit und ich bin dankbar, dass du mir vertraust und dich dafür entschieden hast, deine Lockenreise mit mir zu starten.

Ich möchte mich an dieser Stelle bei meinem Team bedanken, welches mich bei der Erstellung dieses Buches unterstützt hat: Für das tolle Design und die vielen Grafiken haben vor allem Daniela, Janina und Julian gesorgt. Dani, Dir gilt mein besonderer Dank, denn Du verstehst, wie ich Loving Curls denke und kannst meine Ideen in so wunderbare Grafiken verwandeln! Alle Fotos von mir sowie auch das Titelfoto hat Asja geschossen. Hab herzlichen Dank für unser tolles Shooting in dieser vertrauensvollen Atmosphäre. Auch die harmonische Zusammenarbeit im Team war einfach toll und ist nicht selbstverständlich – lieben Dank Annika, Jette und Steffanie!

Und zu guter Letzt möchte ich mich bei allen bedanken, die von Anfang an an meine Idee von Loving Curls geglaubt haben – und das sind vor allem Boris, Steffen und Tino!

Vielen lieben Dank,

Laura

Wie hat dir mein Locken-Buch gefallen?

Du hast sicher mitbekommen, dass Loving Curls mein absolutes Herzensprojekt ist. Wir haben dieses Buch ohne Verlag im Rücken veröffentlicht und es ist mir natürlich sehr wichtig, möglichst viele Curlies zu erreichen. Hierfür brauche ich deine Unterstützung. Empfehle mich gerne weiter und schreibe eine Bewertung!

 loving-curls.com/danke

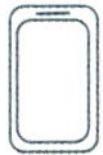 

Loving Curls Shop

Du möchtest meine Produktempfehlungen kaufen, noch weitere interessante Ebooks kennenlernen oder bist an einer persönlichen Lockenberatung interessiert?
Dann schau gleich in meinem Shop vorbei:

 **shop.loving-curls.com**

Impressum

Herausgeber
Loving Curls
c/o Melting Elements GmbH
Schulterblatt 26-36
20357 Hamburg

Chefredakteur
Laura Schulze (V.i.S.d.P.)

Aufnahmen von Laura und Cover-Aufnahme
Asja Caspari
asjacaspari.com

Design
KRUX Design LLC
Julian Steincke
krux-design.de

Daniela Trovato, Janina Spille

Druck
Optimal Media GmbH
17207 Röbel
optimal-media.com

Lektorat und Fachlektorat
Studi-Lektor GmbH
Hanna Lorig
Dr. Katja Saldeitis

Kontakt
laura@loving-curls.com
https://loving-curls.com

ISBN 978-3-9819534-9-7

1. Auflage, Dezember 2023

Printed in Germany